A. M. Greenstein

Das Zuschneiden von Anzügen (1895)

A. M. Greenstein

Das Zuschneiden von Anzügen (1895)

ISBN/EAN: 9783743397651

Hergestellt in Europa, USA, Kanada, Australien, Japan

Cover: Foto ©Andreas Hilbeck / pixelio.de

Manufactured and distributed by brebook publishing software
(www.brebook.com)

A. M. Greenstein

Das Zuschneiden von Anzügen (1895)

Erste Französisch=Amerikanische

Lehr = Methode des Zuschneidens

Für Herrn und Knaben Anzüge zum leichtfaßlichen Selbstunterrichte herausgegeben von

A. M. GREENSTEIN,

Die besten geprüften französisch-amerikanische Zuschneide Bücher

Mit Zoll und Reduktions-System, ausgeführten Schnittmustern, umfassend allerlei Arten der modernen Bekleidung mit Einschluß der gesammten Kinder Garderoben.

METHOD OF CUTTING,

For Men's and Boy's Clothing,

By A. M. GREENSTEIN,

Contains Paterns by Inch- and Reduction-System for all kinds of Modern Garments, Including Children's Clothing.

Published by A. M. Greenstein, 91 Ellery Street, Brooklyn.

PRICE, $2.00.

Erste Französisch=Amerikanische

Lehr = Methode des Zuschneidens

Für Herrn und Knaben Anzüge zum leichtfaßlichen Selbstunterrichte herausgegeben von

A. M. GREENSTEIN,

Die besten geprüften Französisch-Amerikanische Zuschneide-Bücher

Mit Zoll und Reduktions-System, ausgeführten Schnittmustern, umfassend allerlei Arten der modernen Bekleidung mit Einschluß der gesammten Kinder Garderoben.

FIRST FRANCO-AMERICAN

METHOD OF CUTTING,

For Men's and Boy's Clothing,

An easy way of learning without a Teacher.

By A. M. GREENSTEIN,

Contains Patterns by Inch- and Reduction-System for all kinds of Modern Garments, including Children's Clothing.

New York, 1895.

Published by A. M. GREENSTEIN.

Einleitung.

❦❦❦❦

Ausführliche Erklärung der Zeichenmethode unter Anwendung des Reduktions-Systems für die verschiedensten Herren und Kinder Garderoben hierzu die Zeichnungen; auf Tafel 2 und 3 sind sämmtliche Körperweiten für Herrn und Kinder.

Um eine geometrische Kleiderzeichnung herzustellen, ist vor allen Dingen ein Maßstab erforderlich, welcher dem zu bekleidenden Körper selbst entlehnt ist, und nach welchem die verschiedenen Längen- und Breiten Dimensionen des Schnittes im Voraus berechnet sind. Diese Entfernungen sind dann auf der Zeichnung mittelst Zahlen ausgedrückt, die man mathematische Stellpunkte nennt, und wie solche auf der beigesetzten Seite 2 und 3, so wie an jedem Schnittmuster zu sehen sind.

Den bequemsten und zweckmäßigsten Maßstab erhält man nun dadurch, daß man die halbe Oberweite der Person jederzeit in 24 theilt. Die Brustweite ist dasjenige Hauptmaß, welches als eingetheilter Maßstab die meiste Sicherheit gewährt, weil der Betrag derselben nicht — wie bei anderen Weiten — lediglich davon abhängt ob der Körper des Mannes fleischig oder hager ist.

Daß nun die Oberweite in 24 getheilt wird, geschieht aus dem Grunde, weil ein vollkommen wohl gestalteter Mann bei völlig ausgebildetem Körper genau 24 System halbe Oberweite besitzt. Die Theile aller übrigen Oberweiten oder Maßstäbe sind dagegen kleiner oder größer, und können deshalb kein Zollmaß genannt werden, sondern heißen zum Unterschiede Reduktions-System, was also mit den richtigen Zollmaß nicht zu verwechseln ist; deßhalb findet man auf dem "**Reduktions-System**," welches auf den 2ten und 3ten Seite beigegeben ist, gleich die sämmtliche schon fertig eingetheilten Maßstäbe für alle 32 Körpergrößen vom schwächsten Knaben bis zum stärksten Manne, also von 19 bis 50 Reduktions-System's halbe Oberweite, was durch die etwas größer gedruckten Zahlen No 19 bis 50 zu beiden Seiten des Reduktions-Systems ausgedrückt ist. Nimmt man nun zum Zeichnen eines Schnittes einen kleinen Maßstab, so wird natürlich auch der ganze Schnitt kleiner; das Gegentheil geschieht sobald man einen größeren Maßstab nimmt; größtentheils füge man sich laut dem genannten System der Brustweite. Wird der Schnitt beispielsweise mit dem Brustweiten-Maßstabe eines dicken Mannes gezeichnet, wird er zwar größer, behält jedoch dieselbe Form und Gestalt, während doch die Körperformen des dicken Mannes wesentlich eine andere ist, als die des proportionirten mittelstarken Mannes.

Aus dem Gesagten geht es zur Genüge hervor, daß es mit der Aufstellung eines einzigen proportionellen Schnittes, wie auf Tafel 2 und 3 nicht abgethan ist und sein kann, sobald man für jeden Leibumfang dem Schnitte nicht nur die hinlängliche Größe, sondern auch die dem Körper entsprechende Form geben will. Für eine gewöhnliche Person laut Brustweite stimmt die Taille in der Länge laut System, aber für einen starken Mann auch für einen hoch schlanken Mann kann man nicht laut System die Taille in der Länge brauchen, sondern man muß sich laut Zollmaß verhalten.

Das Maß-System zu Sacks, Frocks und doppel-brüstige Sacks.

Maß No. 1.—Die Brustweite.

Für irgend welche Figur, wird scharf unter den Armen in waagrechter Linie um den Oberkörper über den Gilet genommen, ohne daß man die Brust einziehn oder herausdrücken läßt. Das Zollmaß, welches beiläufig gesagt, hinlänglich fest sein muß, um sich nicht zu dehnen — darf beim Messen der Brustweite weder zu lose noch zu straff anliegen, auch hat man besonders Acht darauf zu geben, daß es hinten gehörig über den stärksten Theil der Schulterblätter hinwegläuft; denn läßt man es aus Unachtsamkeit zu tief herabfahren, so fällt die Brustweite zu klein aus, was für den ganzen Zuschnitt ebenso sehr von Nachtheil sein würde als wenn man sie zu groß nimmt.

Bekanntlich wird die halbe Brustweite mittelst des Reduktions-Systems stets in 24 getheilt, und bildet den eigentlichen Maßstab des Schnittes zum Zeichnen des Schnittes. Würde aber der Maßstab falsch sein, so könnte natürlich auch der Zuschnitt nicht gelingen. Das genau ausgeführte Reduktions-System selbst ist in diesem Werke

Introduction.

Full explanation of the Method of Drawing Men's and Children's Clothes by application of the Reduction-System. Tables on pages 2 and 3 show drafts of all body-measurements for men and children;

In order to make geometrical drafts of clothes, it is first of all necessary to have a standard measurement, taken on the body which is to be clothed, and according to which standard the various dimensions of length and breadth are formed in advance. These distances are expressed in figures on the draft, and are called mathematic standpoints, as is shown on the annexed pages 2 and 3, and also upon every sample cut.

We get the best and most utilizing measure by dividing the one half breast-measure into 24 parts. The breast-measure is the surest and most positive as a standard, because its extent does not as in other widths depend merely upon the leanness or stoutness of a body.

The breast-measure is divided into 24 parts, for the reason, that a perfectly built man fully developed, measures, exactly 24 systems one half breast-measure. The parts of all other breast-measures or standards, however, are either smaller or larger, and therefore cannot be called inch-measure, but are called in contradistinction " reduction-system," which is not to be confounded with the true inch-measure; therefore you may find in the annexed " Reduction-System " on pages 2 and 3, all the standards for the various 32 body sizes, from the tenderest boy up to the strongest man, namely from 19 to 50 reduction-system one-half breast-measure, which is shown by the more conspicuously printed figures 19 to 50 on both sides of the reduction system.

Now, if you take a small standard for the purpose of drawing a cut, it follows naturally, that the entire cut will be smaller; when you use a large standard, the contrary will be the result; you should mostly follow the above-mentioned system of breast-measure. If you, for instance, draw the cut with the breast-measure standard of a stout man, it will be larger, but the same form and shape will remain, notwithstanding the fact, that the corpulence of a stout man is essentially different from that of a proportionately formed medium sized man.

It follows effectively from what was said above, that the setting up of one single cut, as shown on tables 2 and 3, is not and cannot answer the purpose, in cases where the pattern, not only needs sufficient extent for every waist, but also where the body requires a corresponding form. In breast-measure, the waist will suit in length according to system for an ordinary person only, but in case of a stout man, or one who is tall and slender, the waist cannot be in length according to system, but must necessarily be according to inch-measure.

The Measure-System for Sacks, Frocks and Double-breasted Sacks.
Measure No. 1. Breast-measure.

For a figure take firmly under the arms, in a horizontal line around the upper body above the waist-coat, permitting the chest neither to pull in nor to push out. The inch-measure which by the way, must be sufficiently solid so as not bend—should, in applying same to breast-measurements, be neither too loose nor too tight; care should also be taken, that it should sufficiently embrace the strongest part of the shoulder blades; for, if, through carelessness it be allowed to come too deep down, the breast-measure will turn out too small, which is just as disadvantageous for the entire pattern as when taken too largely.

As known, the one-half breast-measure is divided into 24 parts by the reduction system.

beigegeben. Man darf niemals dulden, daß der Mann bei Anlegen der Brustweite die Arme mit den Ellenbogen wesentlich vom Körper entfernt; oder gar waagrecht in die Höhe hebt denn hierbei würde sich — namentlich bei sehr fleischigen Männern — das Fleisch mehr nach oben ziehen und das Maß dadurch zu klein ausfallen, schon aus dem Grunde, weil die Brustmuskeln durch das Heben der Arme, zumal wenn es etwas rückwärts geschieht, straffer angezogen und dadurch flacher werden.

Eine zu kleine Brustweite erhält man zuweilen auch dann, wenn der Mann beim Anlegen des Maßes das Gesicht nach der Brust richtet um das Anlegen zu beobachten; denn hierdurch wird das Fleisch am Rücken angespannt und die Brust senkt sich einwärts. Man lasse daher beim Maßnehmen überhaupt dem Manne seine gewöhnliche und natürliche Stellung einnehmen mit dem Kopfe aufrecht, aber möglichst ungezwungen.

Die Brustweite muß selbst dann richtig genommen werden, wenn das Kleidungsstück im Oberkörper nicht anliegend oder außerordentlich bequem werden soll; denn wo eine Zugabe in solchen Fällen nöthig und zweckmäßig ist, bleibt dies eine Sache für sich und soll in diesem Werke noch ausführlicher besprochen werden.

Für Kleidungsstücke zum Ueberziehen nimmt man die Brustweite noch extra über den Rock, ziemlich scharf anliegend und schreibt sie im Maßbuche dicht unter die gewöhnliche Brustweite zum Beispiel, 24–28; für die Wahl des Maßstabes ist aber stets nur die über dem Gilet genommene Brustweite maßgebend. Wie man beim Zuschneiden von Ueberkleidern verfährt sobald es sich um außergewöhnlich dicke Unterziehkleider handelt, wird weiterhin spezieller gelehrt werden.

and it forms the real standard of ,cutting for the drafting of the pattern. But if the standard be incorrect, naturally the pattern must be wrong. The minutely and fully executed reduction-system is added to this book. While applying the breast-measure, you must never allow the person to remove his arms and elbows from his body, or to raise them upwards horizontally for in such case the flesh of the body will pull upwards—especially if it be a fat person—and the measure will become too small; the more so, as the muscles of the chest, by the raising of the arms, particularly if such be in a backwards direction, pull up too tightly and thereby become flat.

You also get a too small breast-measure, if, while applying the measure, the person directs his face downward to look at the measurement; for thereby, the fiesh on the back becomes stretched, and the chest turns in. While having his measure taken, a person should be in his usual and natural attitude, hold his head straight, but most possibly unconstrained.

The breast-measure must be taken correctly, even when the garment is not to fit tightly, or is to be exceptionally comfortable; for wherever an addition be necessary in such cases, it is a separate and different matter and will be more fully explained latej on.

For garments (overcoats) take the breast-measure on the coat, fit it tightly, and mark same in the measure book close below the usual breast-measure, viz: 24-48; for the selection of the standard, however, only the measure taken on the waist-coat, is absolute. The mode of procedure in cutting over-garments, especially so on very thick underwear, will be specifically dwellt upon at a later stage.

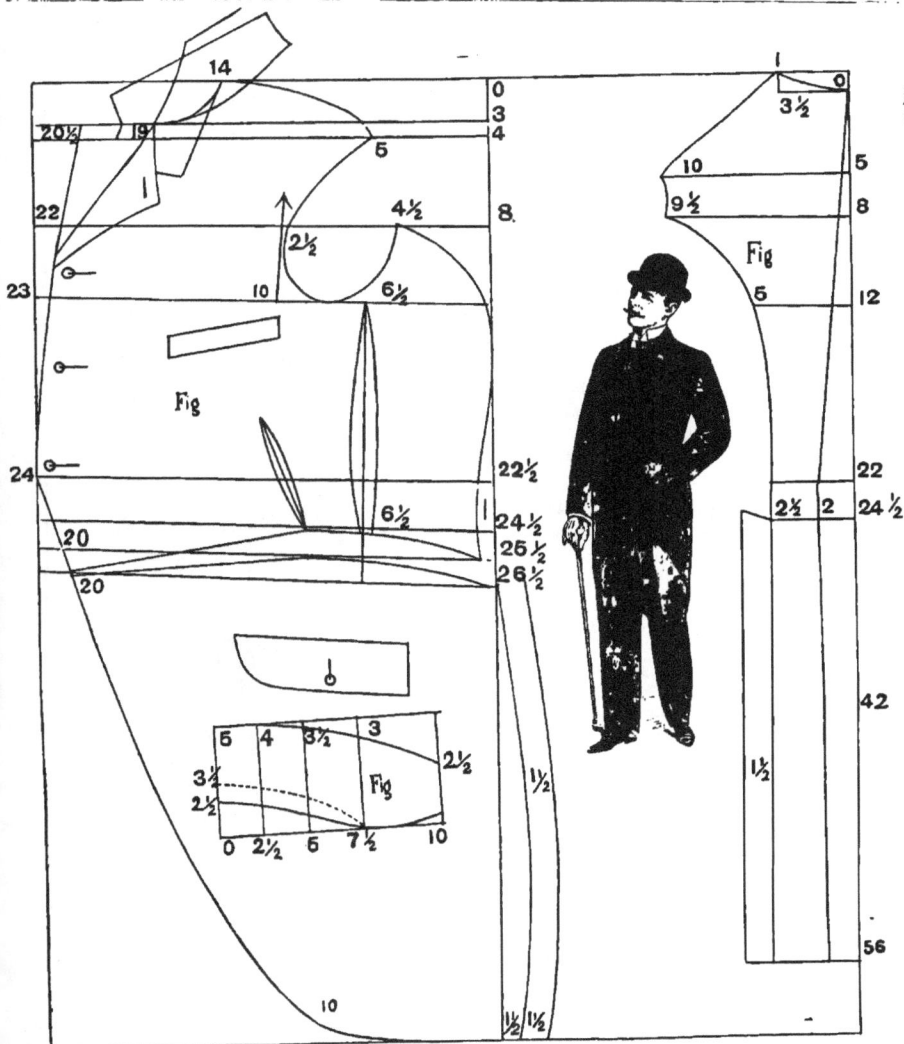

Frock Coat.

Das neueste Französisch-Amerikanische Zeichen-System. Neuverbesserte und erleichterte Methode des Zuschneidens.

Rückentheil Nr 1 zu einem gewöhnlichen Frock Rock,

wozu wir außer dem Maßstabe irgend einer Nr. des Redul-
tions-Systems nur noch ein Winkelmaß, Bleistift und einen
Bogen Papier bedürfen, auf dem wir die Zeichnung ausführen
wollen, wenn wir nicht vorziehen, es zur Uebung nur mit der
Kreide auf dem bloßen Tisch zu thun.

Wir ziehen also vorerst diejenige Winkellinie, welche
bei Nr. 1 an ihrer obern Ecke mit a bezeichnet ist. Jetzt legen
wir unseren Maßstab mit der 1 bei der Ecke a an, und messen
senkrecht herunter die Entfernung 5—8—12—22—24½ und
48 ab, das heißt, wir stellen ebenso viele Theile des Maßstabes
von a herunter und machen jedesmal einen Punkt. So haben
wir die hier erforderlichen Längepunkte gefunden. Da der
Maßstab nur bis 24 geht, müssen wir natürlich das noch Fehlende verdoppelt hinstellen.

Von den sechs Längepunkten ziehen wir nun mit dem
Winkelmaße Querlinien nach links, die von a herüber war
schon durch den ursprünglichen Winkel vorhanden. Wir nehmen wieder den Maßstab zur Hand, messen von a herüber 3½
Maßstabtheile und machen einen Punkt. Von Punkt 5 herüber
nehmen wir 10; von Punkt 8 herüber 10 in der Taillenlage
zweimal den Punkt 2½ als untere Rockentheilsbreite, und ½ nach
links und rechts. So haben wir auch schon alle Breitenpunkte
gestellt.

Hier tritt nun zufällig der schon vorhin angedeutete
Fall ein, daß wir zur besseren Ausführung des Rücktheils
auch noch ein paar Hilfslinien und Hilfspunkte bedürfen. Wir
ziehen nämlich ganz oben von Punkt 3½ eine kleine Linie in die
Höhe und stellen auf derselben 1 Theil. Ferner ziehen wir
von Punkt 9½ nach Punkt 2½ herunter eine diagonale Hilfslinie, und stellen auf ½ der Länge dieser Linie in der Gegend
des Schulterblattes die dort angegebenen 2 Theile herein zur
Seitennaht. Auch von Punkt 1 nach 10 herunter kann man
sich noch eine Hilfslinie ziehen, in deren Mitte man ½ Theil
des Maßstabes zur Schweifung der Achselnaht hereingeht. Zur
Breite des oberen Halens am Rückentheilschoße nehmen wir
etwa 1½ Theile.

Jetzt haben wir allenfalls Anhaltspunkte genug, um nach dem bloßen Augenmaße das Rückentheil fertig zu
zeichnen, indem wir mit dem Bleistifte oder mit der Kreide façonmäßig von einem Punkte zum anderen fahren, wobei

wir besonders eine recht geschmackvolle Form der Achsel und Seitennaht zu erzielen suchen. Bei mehrmaliger Uebung . des sehr einfachen Verfahrens wird man sich leicht damit vertraut machen.

Was den unteren Theil des eben ausgeführten Ruckens anbelangt, so ist der Hintertheil-Schoß in mittlerer Länge angedeutet worden; man braucht denselben aber nur nach der Größe, bezüglich nach dem genommenen Schoßlängenmaße entsprechend einzurichten. Der Schoß ist unten nur 1 Theil breiter als oben gezeichnet, erhält hinten einen 1¼ bis 1½ Theile breiten Haken und ebensoviel zum Haken der Schoßfalte, ganz wie bei einem gewöhnlichen modernen Herrenrocke.

In derselben einfachen Weise zeichnen wir nun

das Rock-Vordertheil auf Seite 8.

Die Hauptwinkellinie geht hier wieder von Punkt a aus. Bei a legen wir an der Linie herunter den Maßstab an, und messen die Entfernungen 3—4—8—13—22½—24½—25½ und 26½ ab, so haben wir alle erforderlichen Längenpunkte, von denen wir überall winkelrechte Querlinien ziehen mit Ausnahme des Punktes 26 der nur die Stelle bezeichnen soll, wo die Seitennaht des Vordertheiles die Hauptwinkellinie berührt.

Jetzt stellen wir mit demselben Maßstabe sämmtliche Breitenpunkte: 14 oben von a herüber zur Achselspitze des Vordertheiles, dann noch 20½. Auf der nächsten Linie: 5 und 19. Auf der dritten Linie: 4½ und 22 auf der vierten 1—6½—10—und 23 und so fort weiter unten 1—6½ und 21.

So haben wir auch alle Breitenpunkte zum Vordertheile, und brauchen nur noch oben zur Achselnaht die Hilfslinie von Punkt 14 nach den anderen Achselspitze Punkt 5 schräg herunter zu ziehen, auf der wir als Hilfspunkt ½ Theil zur Rundung der Achselnaht markiren. Beim untersten Breitenpunkte 20, und für die Halstiefe kommt auf Linie 4 vom Spitze der Achsel 14 bis 19½ ausgehohlt.

Andere Hilfspunkte sind nicht erforderlich, und wir zeichnen daher das Vordertheil nun ohne Weiteres fertig, wobei wir uns befleißigen, besonders das Halsloch, die Seitennaht und das Armloch recht geschmackvoll zu gestalten und abzurunden. Dieses Vordertheil ist übrigens einreihig. Die punktirte Linie hinter den Knopflöchern herunter soll lediglich die Knopflinie für das rechte Vordertheil andeuten.

Der zweinähtige Rock Aermel

ist von sehr geschmackvoller reichlich weiter Form. Auch der Aermel ist mit demselben Maßstabe und ganz auf dieselbe Weise gezeichnet, wie wir sie schon vorstehend gelehrt haben.

Die Form des Unterärmels ist vom Ellbogen an nach oben durch punktirte Linie vorgezeichnet, denn nach oben ist derselbe stets schmäler als der Oberärmel, der nach technischem Anstand an der Kugel etwas eingeschoben werden muß. Die hintere Naht kommt beim Einsetzen des Aermels auf die Mitte des Rückentheiles am Armloche zu stehen, die andere Naht auf die von hier aus abzunehmende vordere Mitte des Armlochs selbst.

Da die Armlänge bei Kindern einer und derselben Größe oft sehr verschieden vorkommt, so ist die Armlänge natürlich stets nach dem Maße des betreffenden Herrn oder Knaben zu berichtigen, falls die Zeichenvorlage — die stets das proportionirte Verhältniß ergiebt — nicht genau damit übereinstimmen sollte. Auch die vordere Weite des Aermels, die gleichzeitig von der Mode abhängt, ist nach Befinden sehr leicht entsprechend abzuändern.

Der Hauptvortheil der vorstehend gelehrten einfachen Zeichnen-Methode ist hier, wie schon weiter oben angedeutet, besonders der, daß man dadurch jedes in diesem Werkchen enthaltene verjüngte Modell nicht blos für eine einzige, sondern beliebig für mehrere, buchstäblich verschiedene Brustweiten als Grundlage verwenden und darnach zuschneiden kann, was man nun wohl einsehen wird.

Denn wollte man beispielsweise den Rock Nr. 1 bis 5 für einen etwas stärkeren Herrn oder Knaben zeichnen, so braucht man nur den entsprechenden Maßstab des Reductions-Systems zur Ausführung der Zeichnung zu benutzen, und so in jedem anderen Falle. Der Schnitt erhält allemal von selbst die richtige Größe und Form. Ebenso ist es natürlich auch bei etwas schwächern Brustweiten der Fall. Die Zeichnung gilt eben für alle Personen vom kleinsten bis zum größten Maßstabe.

Werden aber mitunter ja kleine Abweichungen durch den besonderen Wuchs der Person erforderlich, was bei mehr oder minder schlanken Körperbau namentlich in Bezug auf die Rückenlänge der Fall sein kann, so richtet man sich eben genauer nach dem am Körper genommenen Maße, indem man die Rückenlänge vom Halswirbel bis zur Taille, nach Befinden auch die Rückenbreite des Schnittes etc. darnach berichtigt. Das genommene Maß ist ja ohnedem beim Zuschneiden stets mit zu berichtigen.

Einer noch spezielleren Erklärung der Zeichen-Methode bedürfen die Vorlagen Nr. 1 bis 6 jedenfalls

Newly Invented Franco-American System of Drafting. Method of Cutting Simplified and Improved.

Back-Part No. 1, for an Ordinary Frock-Coat.

For this purpose, besides the standard of any number of the Reduction-System, we also need a square, pencil and a sheet of paper, upon which latter the draft is to be executed; it is also advisable to experiment in chalk drafts on the table.

We first draw the angular line, which at No. 1 is marked (a) on its upper corner. Now we apply our measure at the corner (a), and we measure vertically down 5—8—12—22—24 and 56, that is, we put down just as many parts of the standard below (a) and mark each time one point. So we found the necessary so-called points of length. But as the standard only reaches till 24, we must naturally add to it the missing parts.

From the six points of length draw horizontal straight lines, by aid of the square, to the left. We now again, take the measure into our hands, and measure from (a) three and one-half standard parts, and make a point. From point 5 we take 10; from point 8, we take 9½ in waist-length, twice the point 2½ for the breadth of the lower part of the coat, and one-half to the right and left, and in this manner we have established all points of width.

Here in this place, the previously noted case may arise, that for the purpose of more fully executing the back-parts, we may need several more so-called auxiliary lines and auxiliary points. We draw a small line upwards from the top part of the point 3½ and set 1 part upon it. Furthermore we draw a diagonal curved line from point 9½ downwards to point 2½, and on on the length of this line we put the noted two parts near the shoulder-blades to the side-seam. From point 1 to 10 you may also draw an auxiliary line—in the centre of which there is one-half part of the standard to curve the shoulder-seam. For the breadth of the upper hook as back-skirt, we take about 1½ parts.

Now, we have sufficient points, from which we can easily draw the back part according to the naked eye-measure alone, by simply drawing the pencil from one point to the other after the fashion, and taking care to obtain a tasteful form of the shoulder and side-seam. After practicing this several times one will easily become familiar with this process.

As to the lower part of the just executed back, the back skirt has been noted to be in medium length; but it must be established only according to the size, notably to make it correspond with the measure of length taken of the waist. The waist below is drawn 1 part broader than above, apply to it in back a hook of 1½ to 2½ parts breadth, and the same quantity to hook of skirt-plead, as is generally the case with modern men's coats.

In the same simple fashion we draw the

Coat fore-part on page 8.

The main angular line begins again at point (a). We put the measure down on the line, and we measure the distances 3—4—8—13—22½—25½— and 26½; this gives us all necessary points of length, from which we can draw straight lines to all points, except the point 26, which only indicates the place, where the side-seam of the fore-part touches the main angular line.

Now, we indicate, by aid of the same standard, all points of width: 14 above from (a) to the shoulder of the fore part, after that 20½ more; on the next line: 5 and 19; on third line: 4½ and 22; on the fourth: 1—5½—10 and 23, and so on further down 1—6½ and 24.

Now, we have all points of width of the fore-part, and only at the shoulder seam it remains necessary to draw the auxiliary line from point 14 to the other shoulder upon which we mark ⅛ part for rounding the shoulder seam, as an auxiliary line. At the lowest point of width 20, and for the depth of neck on line 4, from the shoulder edge 14 to 19½ remains hollow.

Other auxiliary points are not needed, and just draw the fore part to a finish, taking heed to tastefully shape and round off neck, side seam and sleeves. This fore part is single-breasted.

nicht, und wir können daher ohne Weiteres zu den übrigen verjüngten Modellen übergehen, die sämmtlich nach der hier gelehrten Zeichnen-Methode für jede vorkommende Brustweite in die gewünschte natürliche Größe übertragen werden, und zwar sowohl die für Mädchen wie die für Knaben in der zweiten Abtheilung.

Doch ist dabei im Voraus zu bemerken, daß nur sämmtliche den Oberkörper betreffende Kleidungsstücke, wie Röcke, Jäckchen, Blousen, Jackets und Ueberkleider aller Art, sowie auch die Gilets nach dem Brustweiten-Maßstabe gezeichnet, wogegen die Beinkleider nicht nach dem gewöhnlichen Reduktions-System sondern nach Roßmaß gemacht werden.

Die gleich in Form von Ueberschriften gegebenen kurzen Einleitungen zu jeder Zeichnung werden zum genauen und richtigen Verständniß nun jedenfalls genügen, umsomehr als man bei dieser vortheilhaften Einrichtung auf jeder Seite die Zeichnung gleich direkt vor sich hat und alles Nachschlagen überflüssig wird.

Dagegen ist in Bezug auf die äußere Form und Verzierung der einzelnen Modelle lediglich die eben herrschende Mode oder der besondere Geschmack des Bestellers maßgebend, so daß man die hier gegebenen vielseitigen Grundmodelle bei jedem Wechsel der Mode leicht selbst entsprechend modifiziren, und mithin das Werkchen stets mit größtem Vortheil verwerthen kann.

The punctuated line under the button-holes simply indicates the button line on the right fore part.

The Double-Seam Coat-Sleeve

is of a very rich and tasteful form. The sleeve is also drafted by aid of the same standard and the same shape, as we have previously seen. The form of the lower part of the sleeve, from the elbow upwards is denoted by punctuated lines, for upwards it is always narrower than the upper part of the sleeve, which must always be pushed in at the curve. In putting in the sleeve, the back seam is in the centre of the back part on the arm-hole, the other seam is on the outward centre of the arm-hole itself, which is to be measured from the former.

The arm-length of children, though of the same size is very different; therefore this length must always be made to correspond to the measure of the respective man or boy, in cases where the draft—which always indicates the correct proportion—does not fully agree with it. The front width of the sleeve,—which always depends upon the fashion of the season—may also be correspondingly changed.

The greatest advantage of the previously prescribed method of drafting, lies, as above stated, particularly in the fact, that thereby every model which is contained in this volume, may be taken as a basis or foundation of not only one but of more, and various breast-measures, as you may clearly see.

For, if for instance, coats Nos. 1 to 5 should be drafted for a somewhat stronger man, in such case, simply use the corresponding standard-measurement of the reduction-system for the perfection of the draft, and so on in every other case. The cut will always of itself receive the correct size and form. The same is the case in somewhat weaker breast-measures. The draft, in a word, embraces all persons, from the smallest to the largest sizes.

Little deviations may be required, in case of persons of exceptional size, being of more or less slender built, in reference to the length of the back, in such case, hold strictly to the measure taken on the person, by conforming with it the length of the seam of the back from the top of the back to the waist, so also the back-width of the cut, etc. The measure taken, must always be consulted in cutting.

Tables numbers one to six, do not necessitate a more specific elucidation, and we may proceed to the other models, all of which may be adapted to the above explained method of drafting to procure any desired natural size of any probable breast-measure, and also for that of boys and girls in the second sub-division.

It is to be remarked, however, that only garments in reference to the upper body, as coats, jackets, blouses and overcoats of all sorts as well as waist-coats, may be drafted according to the standard of the breast-measure; trousers, however, cannot be made after the ordinary reduction-system, but by inch measure.

To each table-draft are added certain explanations in the form of headings, which will facilitate the exact and correct understanding, as the student can easily see the drafts on every page thereby making all time-consuming reference unnecessary.

In regard to the external form and ornamentation of the individual models, however, we must always agree with the prevailing fashion and the specific taste of the customer, and the within noted various foundation models may be easily made to conform to every change of fashion and the teachings of this book may always be advantageously utilized.

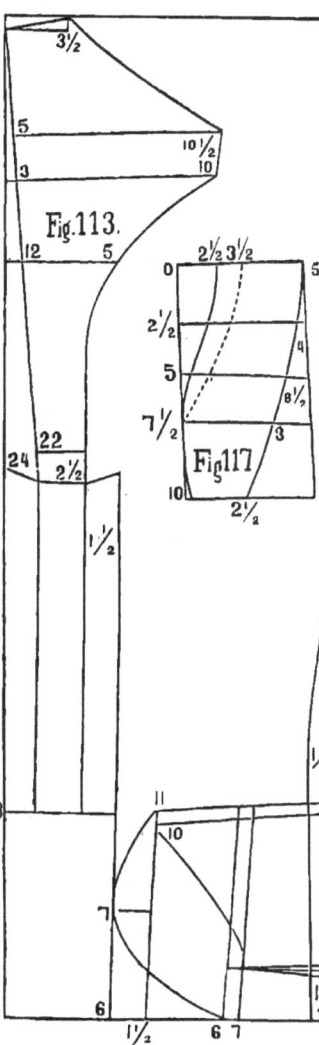

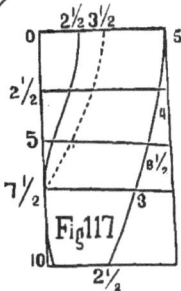

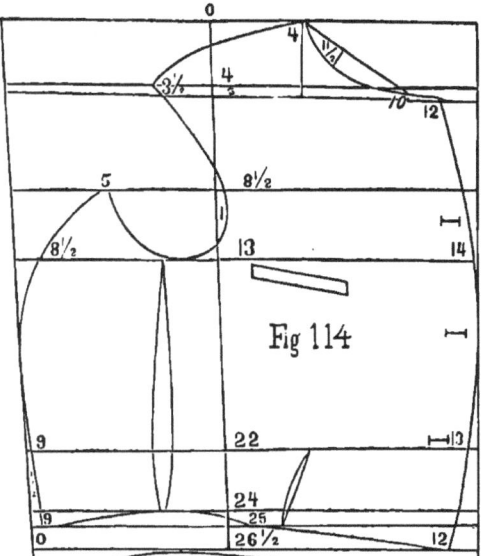

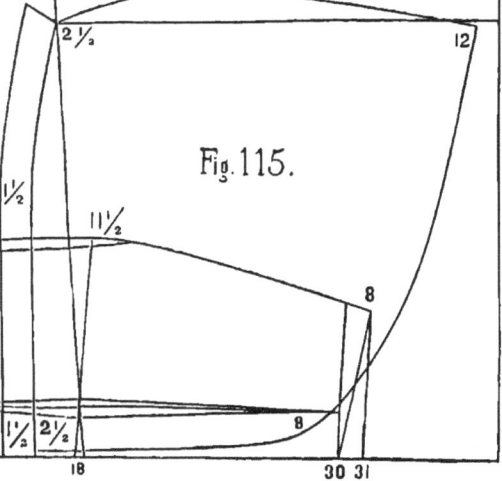

Fig.113.

Fig 114

Fig.117

Fig.115.

Single=Breasted Frock Coat.

Das neueste Französisch-Amerikanische Zeichnen-System. Neuverbesserte und erleichterte Methode des Zuschneidens.

Rückentheil Nr 1 zu einem gewöhnlichen Frock Rock,

wozu wir außer dem Maßstabe irgend einer Nr. des Reduktions-Systems nur noch ein Winkelmaß, Bleistift und einen Bogen Papier bedürfen, auf dem wir die Zeichnung ausführen wollen, wenn wir nicht vorziehen, es zur Uebung nur mit der Kreide auf dem bloßen Tisch zu thun.

Wir ziehen also vorerst diejenige Winkellinie, welche bei Nr. 1 an ihrer obern Ecke mit a bezeichnet ist. Jetzt legen wir unseren Maßstab mit der 1 bei der Ecke a an, und messen senkrecht herunter die Entfernung 5—8—12—22—24½ und 48 ab, das heißt, wir stellen ebenso viele Theile des Maßstabes von a herunter und machen jedesmal einen Punkt. So haben wir die hier erforderlichen Längenpunkte gefunden. Da der Maßstab nur bis 24geht, müssen wir natürlich das noch Fehlende verdoppelt hinstellen.

Von den sechs Längepunkten ziehen wir nun mit dem Winkelmaße Querlinien nach links, die von a herüber war schon durch den ursprünglichen Winkel vorhanden. Wir nehmen wieder den Maßstab zur Hand, messen von a herüber 3½ Maßstabtheile und machen einen Punkt. Von Punkt 5 herüber nehmen wir 10; von Punkt 8 herüber 10 in der Taillenlage zweimal den Punkt 2½ als untere Rockentheilbreite, und ½ nach links und rechts. So haben wir auch schon alle Breitenpunkte gestellt.

Hier tritt nun zufällig der schon vorhin angedeutete Fall ein, daß wir zur besseren Ausführung des Rücktheils auch noch ein paar Hilfslinien und Hilfspunkte bedurfen. Wir ziehen nämlich ganz oben von Punkt 3½ eine kleine Linie in die Höhe und stellen auf derselben 1 Theil. Ferner ziehen wir von Punkt 4½ herunter nach Punkt 2½ eine diagonale Hilfslinie, und stellen auf ½ der Länge dieser Linie in der Gegend des Schulterblattes die dort angegebenen 2 Theile herein zur Seitennaht. Auch von Punkt 1 nach 10 herunter kann man sich noch eine Hilfslinie ziehen, in deren Mitte man ⅓ Theil des Maßstabes zur Schweifung der Achselnaht hereingeht. Zur Breite des oberen Hakens am Rückentheilschoße nehmen wir etwa 1½ Theile.

Fig 40

Fig 41

Fig 42

Fig 43

Fig 44

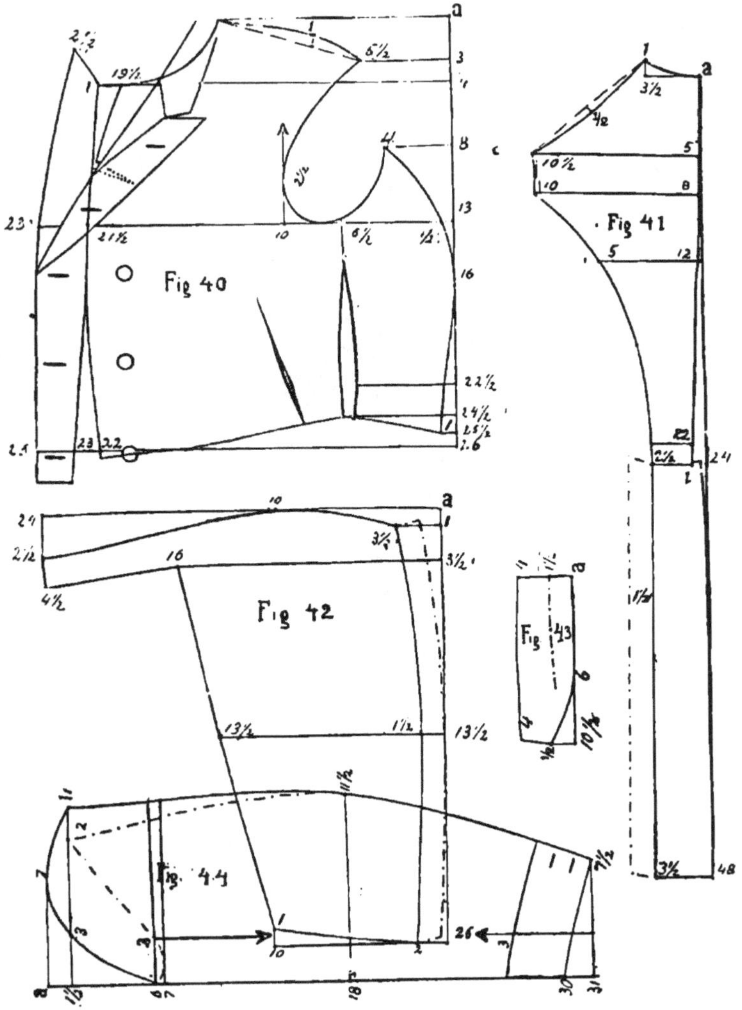

Swallow Tail.

Gleich allen übrigen Rubriken als Grund-Model mit mäßiger Taillen-Verlängerung und für normale Körperlänge gezeichnet. Die sogenannten mittleren Oberweiten gehen hier von 34 bis 42 Zoll.

Standpoins for all middle normal Breast-measures.

Same as all other Grades as the original drawing with a somewhat longer waist drawn for a regularly build body. The so-called centre lower parts are from 34 to 42 inches.

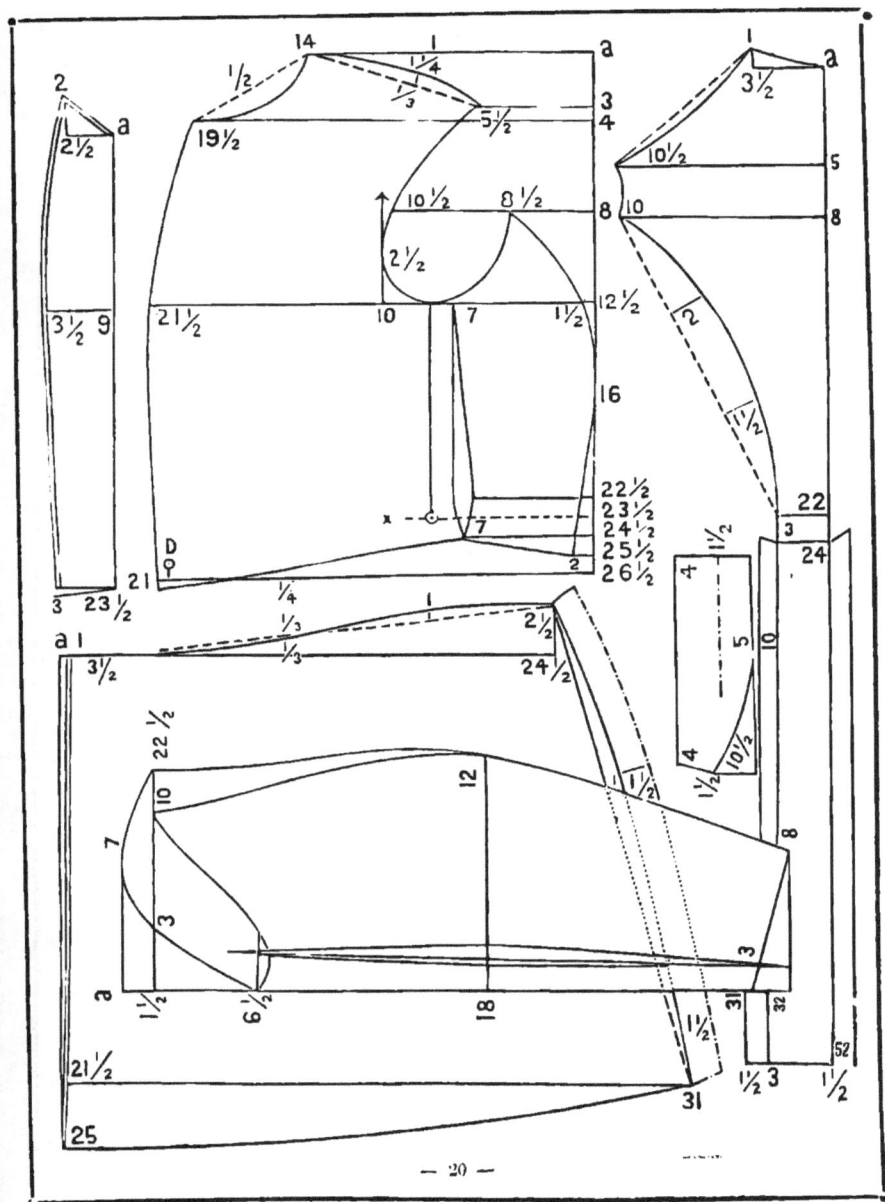

Prince Albert Coat.

Stellpunkte des Schnittes für alle mittleren normalen Oberweiten.

Gleich allen übrigen Rubriken als Grund-Model mit mäßiger Taillen-Verlangerung und für normale Körperlänge gezeichnet. Die sogenannten mittleren Oberweiten gehen hier von 34 bis 42 Zoll.

Standpoins for all middle normal Breast-measures.

Same as all other Grades as the original drawing with a somewhat longer waist drawn for a regularly build body. The so-called centre lower parts are from 34 to 42 inches.

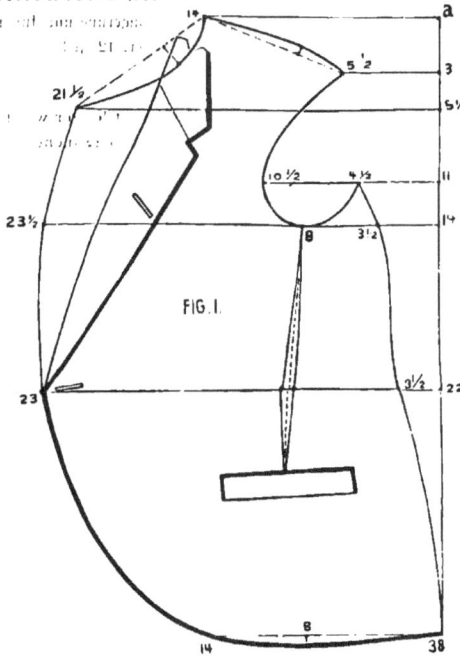

FIG. I.

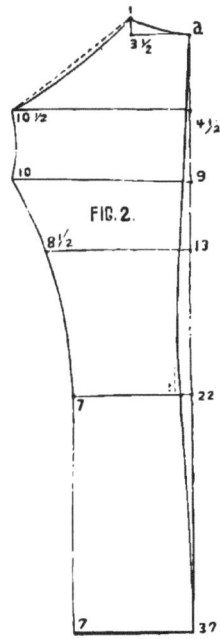

FIG. 2.

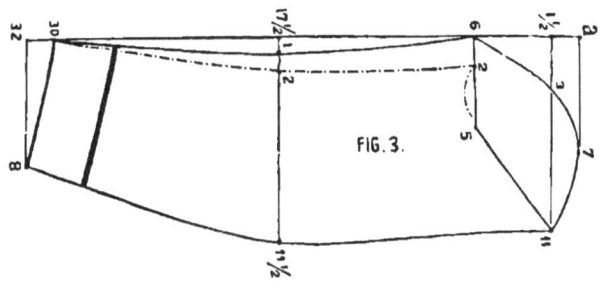

FIG. 3.

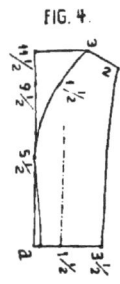

FIG. 4.

Long Roll Sack Costume

Das Modell hat oben eine lange Klappe und schließt vorn vollständig. Die durchbrochene Linie des Vordertheils erklärt eine offene, unten nicht zu schließende Form, welche sehr kleidsam und für den Sommer zu empfehlen ist. Der Schnitt markirt gut die Taille, und sollte man dies weniger wünschen, so hat man nur den Seitenschnitt fortzulassen.

Sie können dieselbe Zeichnung auch für einen Geschäftsrock benützen; müssen aber den Rückentheil ohne Naht schneiden. Den Kragen nehmen Sie von Seite 42. (Toxedo)

This drawing has a long lapell and closes on one buttom. The crossline of the forepart means an open form of the lapel, which is to be recommended for Summer-wear. Line 22—23 marks extent of waist; if not desired so much, leave out the side cut.
omit the cut on the side.

You can use the same for a Smoking Jacket; cut the back-part without seam. Take the Collar from page 42. (Toxedo)

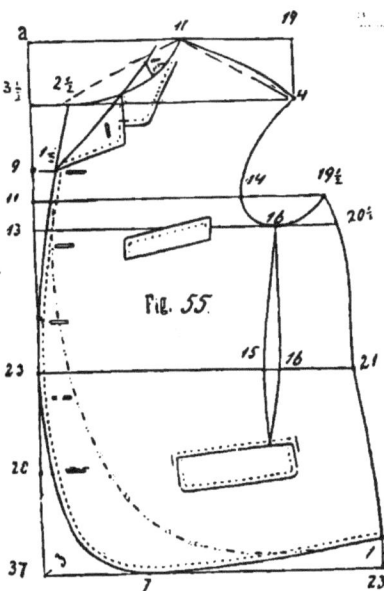

Fig. 55.

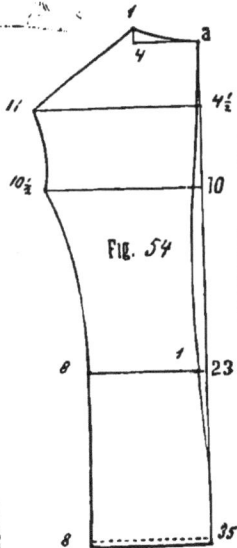

Fig. 54

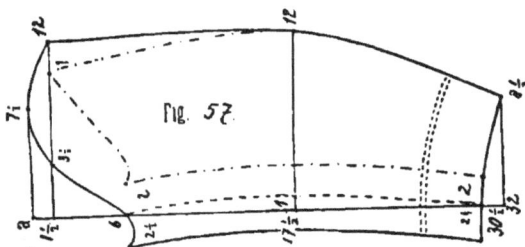

Fig. 57.

Fig. 56.

Single=Breasted Sack Coat.

Stellpunkte des Schnittes für alle mittleren normalen Oberweiten.

Gleich allen übrigen Rubriken als Grund=Model mit mäßiger Taillen-Verlängerung und für normale Körperlänge gezeichnet. Die sogenannten mittleren Oberweiten gelten hier von den 34 bis 42 Zoll.

Standpoint for all middle normal Breast-measures.

Same as all other Grades as the original drawing with a somewhat longer waist drawn for a regularly build body. The so-called centre lower parts are from 34 to 42 inches.

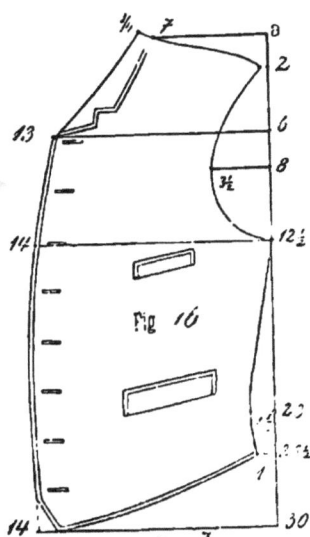

Fig 16

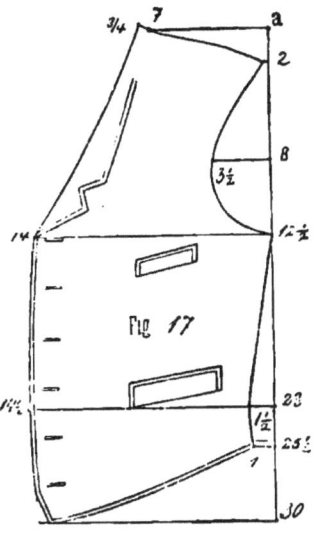

Fig 17

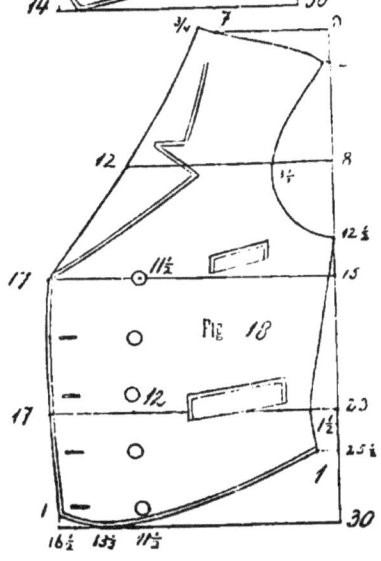

Fig 18

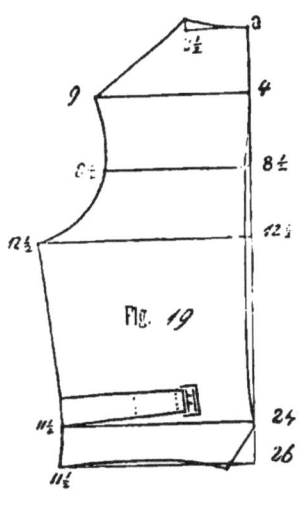

Fig. 19

Vest.

Fügen Sie sich genau nach den Stellpunkten der Zeichnung.

Follow the standpoints of the drawing exactly.

Fig. 15.

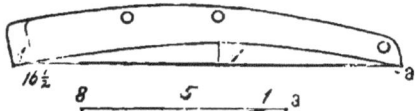

16½

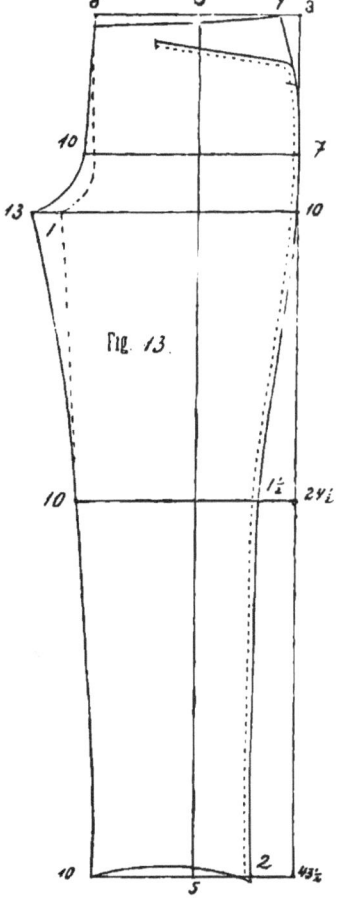

Fig. 13.

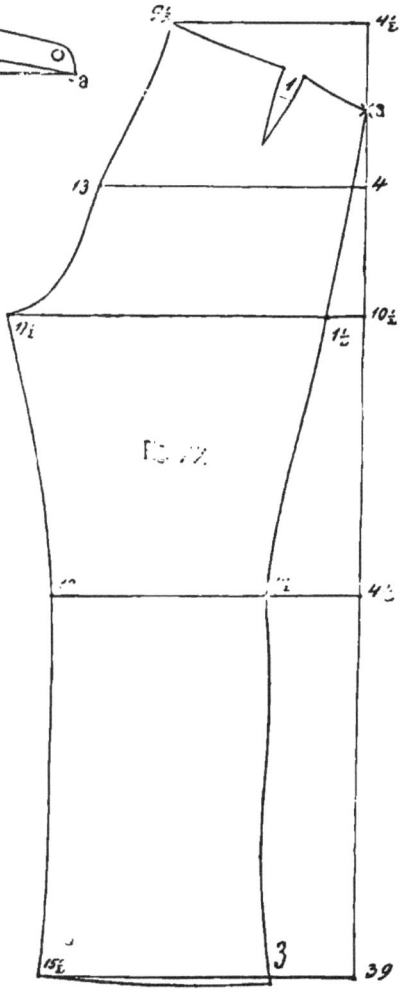

Fig. 14.

Long Pants.

Die Hosen für Knaben von 10 bis 20 Jahren ist die Länge wie folgt:
Für Männer hat man sich laut Maß zu richten.   Sie müssen stets die Zeichnung im Auge behalten.

The length of pants for boys from 10 to 20 is as follows :   For men you have to follow your measure.   Keep an eye on the drawing all the time.

AGE.	BANDS WIDTH.	PANTS OUTSIDE LENGTH.	CROSS LENGTH.	PANTS INSIDE LENGTH.
10	27	30½	10	20
11	27½	31½	10	21½
12	28	32½	10	22½
13	28½	33½	10	23½
14	29	34½	10¼	24¼
15	29½	35½	10¼	25¼
16	30	36½	10½	26
17	30½	37½	10¾	26¾
18	31	38½	11	27½
19	31½	39½	11	28½
20	32	40½	11	29

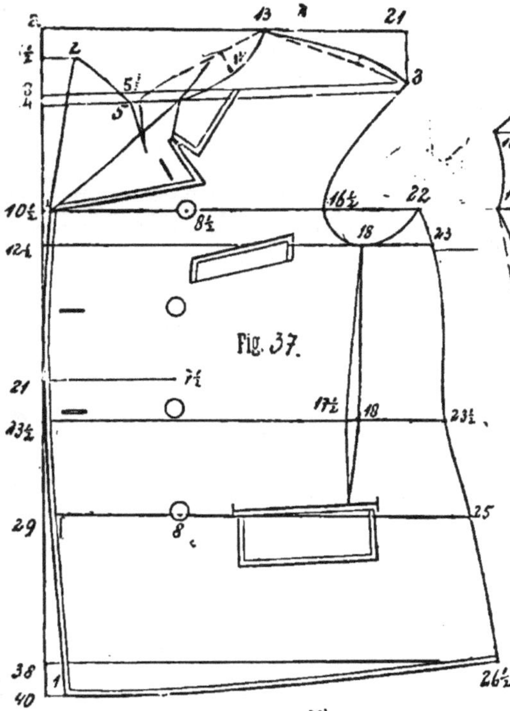

Fig. 37.

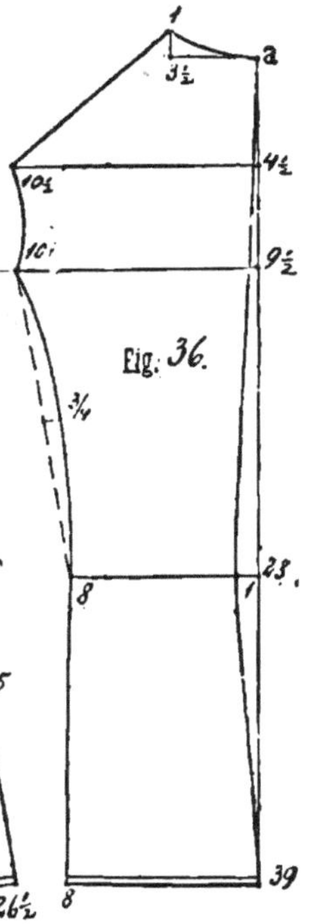

Fig. 36.

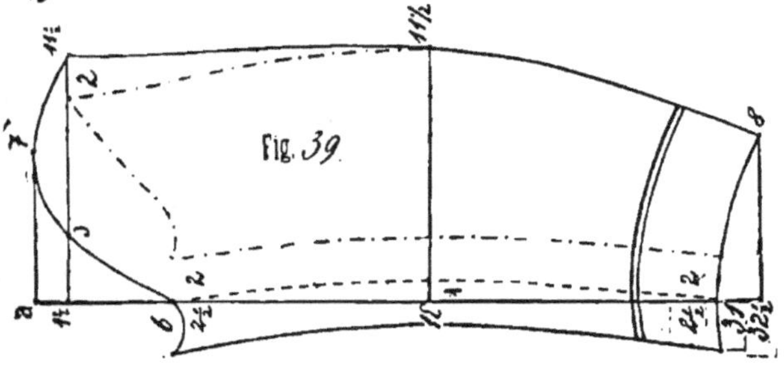

Fig. 39.

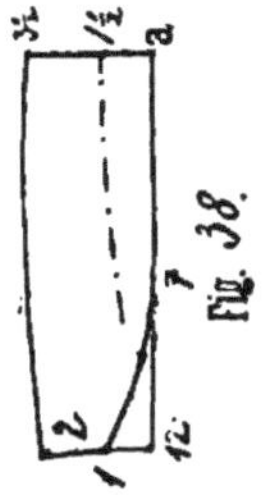

Fig. 38.

Rückentheil zu einem gewöhnlichen Zweibrustigen Rock,

wozu wir außer dem Maßstabe irgend einer Nr. des Reductions-Systems nur noch ein Winkelmaß, Bleistift und einen Bogen Papier bedürfen, auf dem wir die Zeichnung ausführen wollen, wenn wir nicht vorziehen, es zur Uebung nur mit der Kreide auf dem bloßen Tisch zu thun.

Wir ziehen also vorerst diejenige Winkellinie, welche bei Nr. 1 an ihrer obern Ecke mit a bezeichnet ist.

Jetzt legen wir unseren Maßstab mit der 1 bei der Ecke a an, und messen senkrecht herunter die Entfernung 4½—9½—23— und 39 ab, das heißt, wir stellen eben so viele Theile des Maßstabes von a herunter und machen jedesmal einen Punkt. So haben wir die hier erforderlichen Längepunkte gefunden. Da der Maßstab nur bis 24 geht, müssen wir natürlich das noch Fehlende verdoppelt hinstellen.

Von den 5 Längepunkten ziehen wir nun mit dem Winkelmaße Querlinien nach links, die von a herüber war schon durch den ursprünglichen Winkel vorhanden. Wir nehmen wieder den Maßstab zur Hand, messen von a herüber 3½ Maßstabtheile und machen einen Punkt. Von Punkt 4½ herüber nehmen wir 10½; von Punkt 9½ herüber 10 in der Taillenlage; bei Punkt 23 nehme man 1—8; bei Punkt 39 nehmen Sie 8. So haben wir auch schon alle Breitenpunkte gestellt.

Hier tritt nun zufällig der schon vorhin angedeutete Fall ein, daß wir zur besseren Ausführung des Rücktheils auch noch ein paar Hilfslinien und Hilfspunkte bedürfen. Wir ziehen nämlich ganz oben von Punkt 3½ eine kleine Linie in die Höhe und stellen auf derselben 1 Theil. Ferner ziehen wir von Punkt 1 nach Punkt 10½ herunter eine diagonale Hilfslinie, und stellen auf 10—23 der Länge dieser Linie in der Gegend des Schulterblattes die dort angegebenen ¾ Theile herein zur Seitennaht. Auch von Punkt 1 nach 10½ herunter kann man sich noch eine Hilfslinie ziehen, in deren Mitte man ½ Theil des Maßstabes zur Schweifung der Achselnaht hereingeht.

In derselben einfachen Weise zeichnen wir nun

das Rock-Vordertheil auf Seite 30.

Die Hauptwinkellinie geht hier wieder von Punkt a aus. Bei a legen wir an der Linie herunter den Maßstab an, und messen die Entfernungen 1½—3—4—10½—12½—21—23½—29—28—40 ab, so haben wir alle erforderlichen Längenpunkte, von denen wir überall winkelrechte Querlinien ziehen mit Ausnahme der Punkte 13—21.

Jetzt stellen wir mit demselben Maßstabe sämmtliche Breitenpunkte: 2 oben von a herüber zur Achselspitze des Vordertheiles dann noch 13—21. Auf der nächsten Linie 5½. Auf der dritten Linie: 5 auf der vierten 16½— 22 und 18—23 und so fort weiter auf der 23½ Linie 17½—18—23½; auf der 38 Linie 26½.

So haben wir auch alle Breitenpunkte zum Vordertheile, und brauchen nun noch oben zur Achselnaht die Hilfslinie von Punkt 13 nach den anderen Achselspitze Punkt 13 schräg herunter zu ziehen, auf der wir als Hilfspunkt ½ Theil zur Rundung der Achselnaht markiren. Beim obersten Breitenpunkte 13—5½, und für die Halslochtiefe kommt auf der Linie 4 vom Spitze der Achsel 13 bis 5½ ausgehöhlt.

Andere Hilfspunkte sind nicht erforderlich, und wir zeichnen daher das Vordertheil nun ohne Weiteres fertig, wobei wir uns befleißigen, besonders das Halsloch, die Seitennaht und das Armloch recht geschmackvoll zu gestalten und abzurunden. Dieses Vordertheil ist übrigens zweireihig. Die punktirte Linie hinter den Knopflöchern herunter soll lediglich die Knopflinie andeuten. Die müssen genau laut Zeichnung gemacht werden.

For this purpose, besides the standard of any number of the Reduction-System, we also need a square, pencil and a sheet of paper, upon which latter the draft is to be executed; it is also advisable to experiment in chalk drafts on the table.

We first draw the angular line, which at No. 1 is marked (a) on its upper corner. Now we apply our measure at the corner (a), and we measure vertically down 4½—9½—23—39 and 56, that is, we put down just as many parts of the standard below (a) and mark each time one point. So we found the necssary so-called points of length. But as the standard only reaches till 24, we must naturally add to it the missing parts.

From the five points of length draw horizontal straight lines, by aid of the square, to the left. We now again, take the measure into our hands, and measure from (a) three and one-half standard parts, and make a point. From point 4½ we take 10½; from point 9½, we take 10 in waist-length, and in this manner we have established all points of width.

Here in this place, the previously noted case may arise, that for the purpose of more fully executing the back-parts, we may need several more so-called auxiliary lines and auxiliary points. We draw a small line upwards from the top part of the point 1 and set one part upon it. Furthermore we draw a diagonal curved line from point 10—23 downwards to point ¾, and on on the length of this line we put the noted two parts near the shoulder-blades to the side-seam. From point 1 to 10½ you may also draw an auxiliary line in the centre of which there is one-half part of the standard to curve the shoulder-seam.

The main angular line begins again at point (a). We put the measure down on the line, and we measure the distances 1½—3—4—10½—12½—21—23—29—38 and 40; this gives us all necessary points of length, from which we can draw straight lines to all points.

Now, we indicate, by aid of the same standard, all points of width, 2 above from (a) to the shoulder of the fore part, after that 13—21 more; on the next line: 5½; on third line: 5 on fourth: 16½—22—18 and 23, and so on further down.

— 31 —

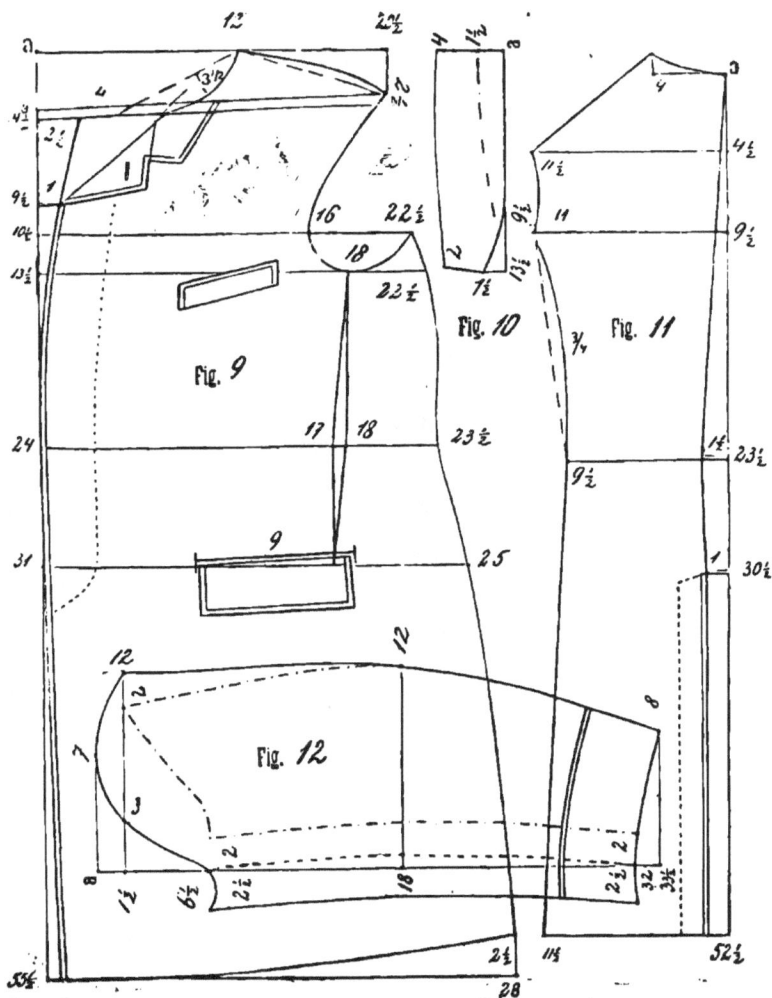

Fig. 9

Fig. 10

Fig. 11

Fig. 12

Single-Breasted Overcoat.

Fügen Sie sich genau nach den Stellpunkten der Zeichnung.

Follow the standpoints of the drawing exactly.

Fig. 5

Fig. 6

Fig. 7

Fig. 8

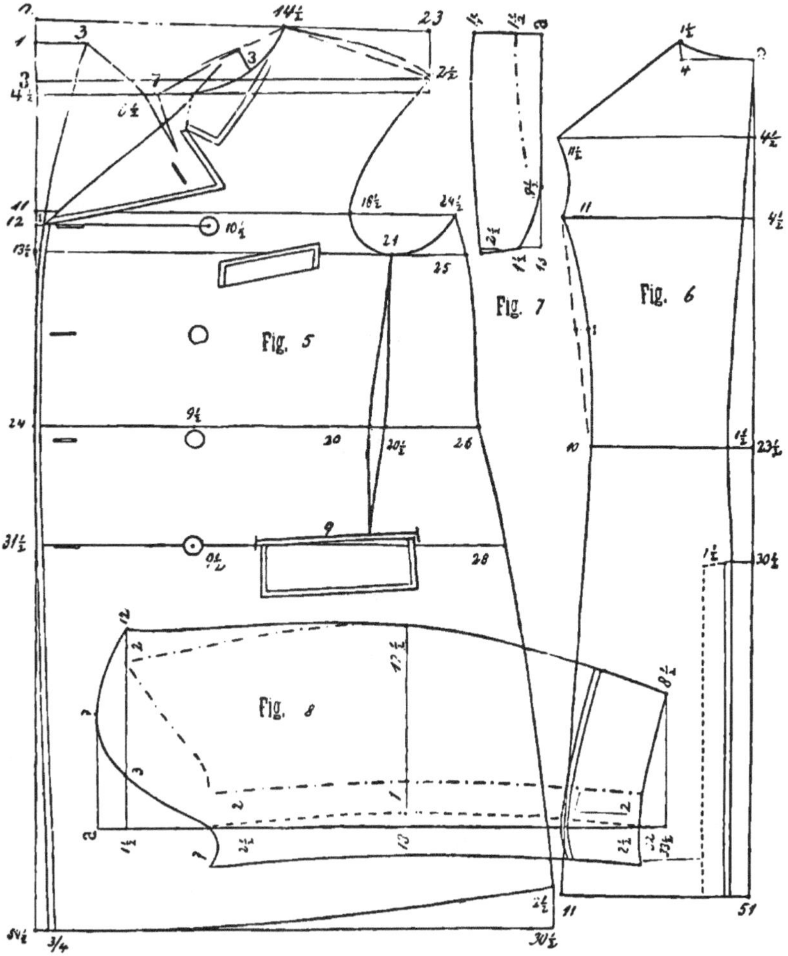

Double=Breasted Overcoat.

Fügen Sie sich genau nach den Stellpunkten der Zeichnung.

Follow the standpoints of the drawing exactly.

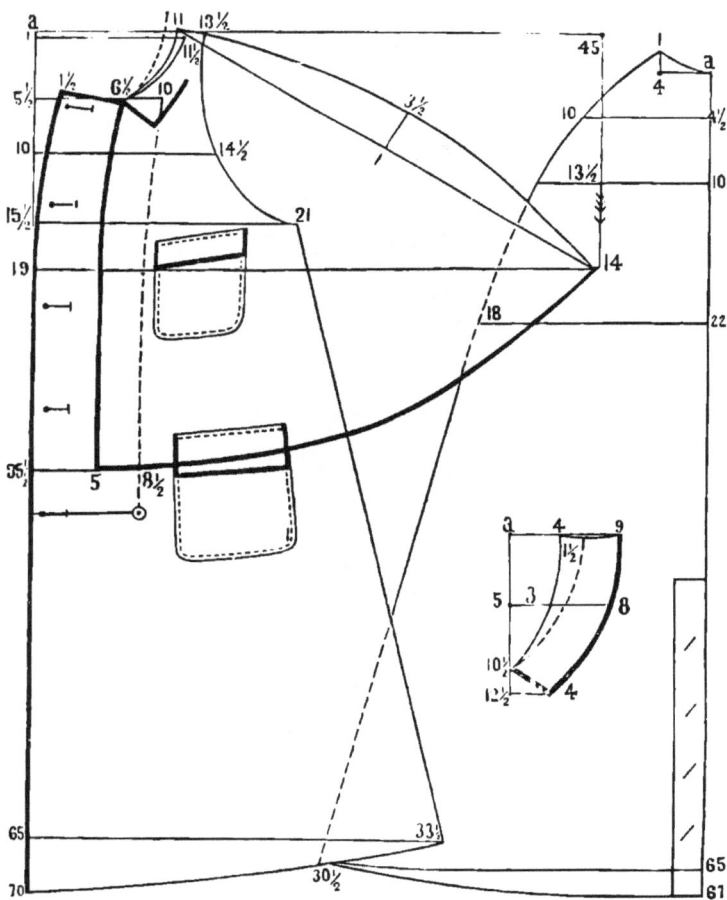

Havalock.

The Double-Breasted Haevlock Coat or MacFerlan with Half Pelerine.

This model is less the subject of fashion, than of practical necessity. This Havelock is without sleeves, for the sleeves are sufficiently covered by the Pelerine, which is drafted simultaneously with the forepart; it must, however, be separately cut.

Der zweireihige Havelock oder Mac-Ferlan mit Half-Pelerine.

Dieses Modell ist weniger ein Gegenstand der Mode als des praktischen Bedarfs vermöge seiner Zweckmäßigkeit, weshalb es auch hier nicht fehlen durfte. Dieser Havelock ist ohne Aermel, da die Arme hinlänglich von der Pelerine bedeckt werden, die mit dem Vordertheile zugleich ausgezeichnet ist, aber natürlich apart abgezeichnet und zugeschnitten wird.

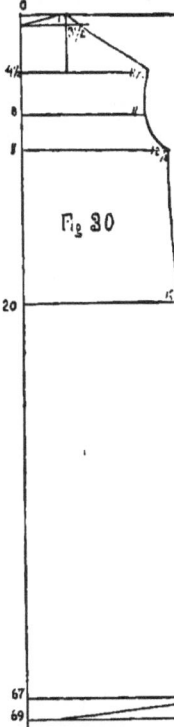

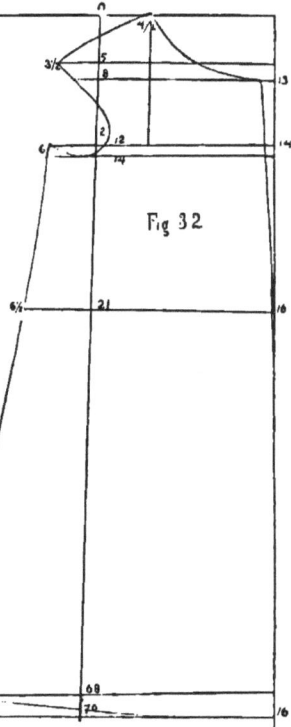

Fig 30

Fig 31

Fig 32

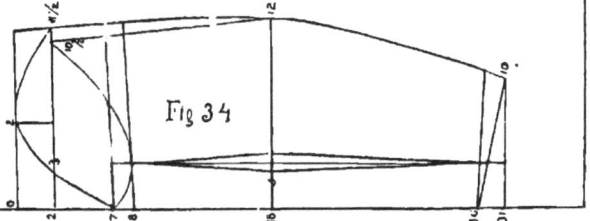

Fig 33

Fig 34

Dressing Gown.	Smoking Coat.

Beim Maß nehmen müssen Sie immer um eine Size mehr nehmen wie Ihnen die Zeichnung vorschreibt.

By taking the measure you have to take one size more thad the draft shows you.

Dressing Gown.

SIZE.	REGULAR LENGTH.	SLEEVE LENGTH
34	50	24
35	50½	24½
36	51	25
37	51½	25½
38	52	26
39	52½	26½
40	53	27
41	53½	27½
42	54	28
43	54½	28½
44	55	29
45	55½	29¼
46	55¾	20½
47	56	29¾
48	56½	29¾

Smoking Coat.

SIZES.	REGULAR LENGTH.	SLEEVE LENGRH.
34	30	24
35	30½	24½
36	32	25
37	32½	25½
38	33	26
39	33½	26½
40	34	27
41	34½	27½
42	35	27¾
43	35½	28
44	35¾	28¼
45	36	28½
46	36¼	28¾
47	36½	29
48	36¾	28¼

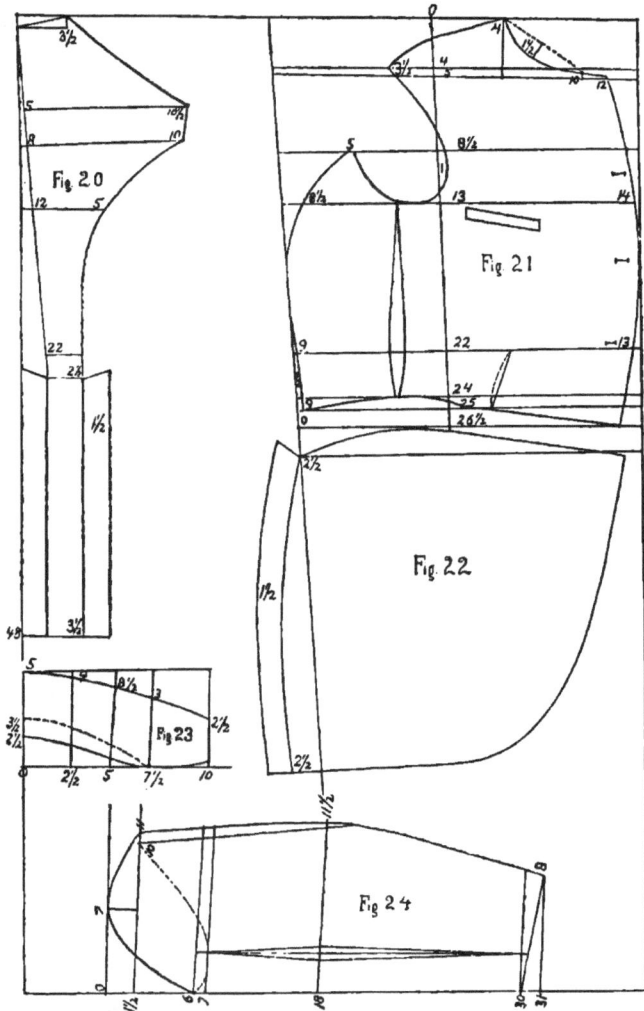

Fig. 20

Fig. 21

Fig. 22

Fig. 23

Fig. 24

Single-Breasted Frock Coat.

Die Hosen für Knaben von 10 bis 20 Jahren ist die Länge wie folgt:

Für Männer hat man sich laut Maß zu richten. Sie müssen stets die Zeichnung im Auge behalten.

The length of pants for boys from 10 to 20 is as follows: For men you have to follow your measure. Keep an eye on the drawing all the time.

AGE.	BANDS WIDTH.	PANTS OUTSIDE LENGTH.	CROSS LENGTH.	PANTS INSIDE LENGTH.	SLEEVE LENGTH.
10	27	30½	10	20	19
11	27½	31½	10	21½	20
12	28	32½	10	22½	21
13	28½	33½	10	23½	22
14	29	34½	10¼	24¼	22½
15	29½	35½	10¼	25¼	23
16	30	36½	10½	26	23½
17	30½	37½	10¾	26¾	24
18	31	38½	11	27½	24¼
19	31½	39½	11	28½	24½
20	32	40½	11	29	24¾

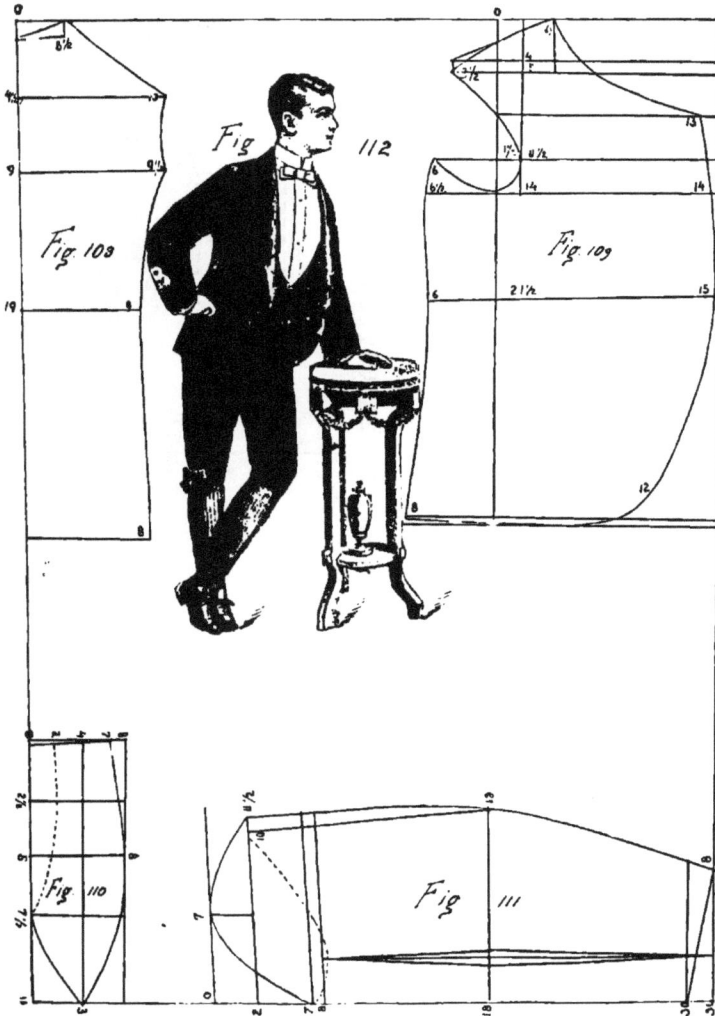

Toxedo for Boys.

Das regulare Maß f r dieses Alter ist wie folgt.

The regular measure for those ages is as follows:

AGE.	BACK WIDTH.	SLEEVE LENGTH.	BANDS LENGTH.	PANTS OUTSIDE LENGTH.	CROSS LENGTH.	PANTS INSIDE LENGTH.
3			21	13	7	6
4	17	14	22	14	7¼	6¾
5	17¾	15	23	15	7½	7½
6	18¼	16	24	16	7¾	8¼
7	19	17	25	17	8	9
8	19¾	18	26	18	8¼	9¾
9	20¼	18½	26½	19	8½	10½
10	21	19¼	27	20	8¾	11¼
11	21¾	20¼	27½	21	9	12
12	22¼	21	28	22	9¼	12¾
13	23¼	21¾	28½	23	9½	13½
14	24	22½	29	24	9¾	14¼
15	24¾	23	29½	25	10	15
16			30	26	10¼	15¾
17			30½	27	10½	16½
18			31	28	10¾	17¼

Double=Breasted Ulster
Without Belts.

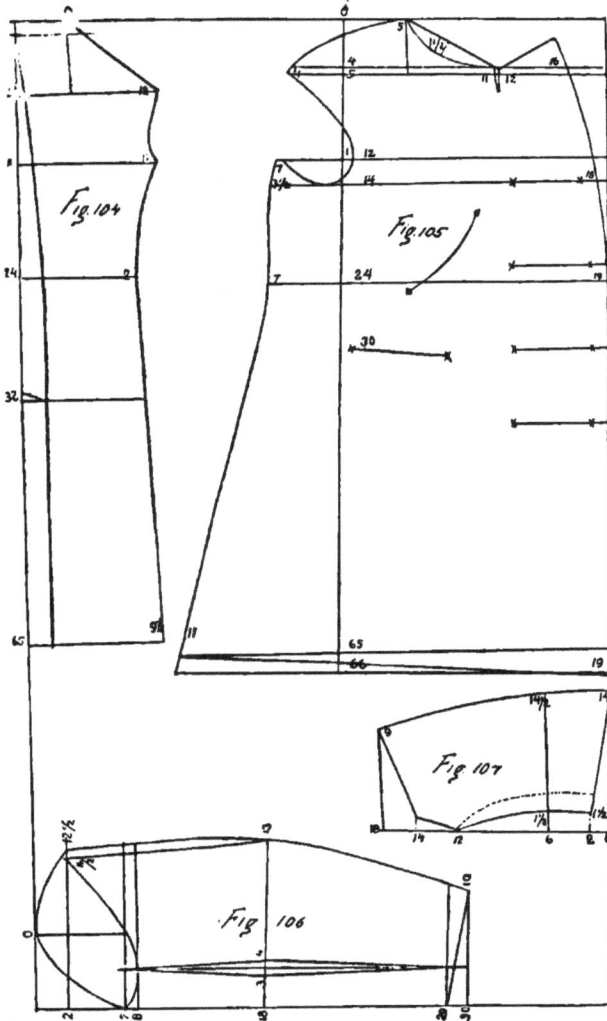

Fig. 104

Fig. 105

Fig. 107

Fig. 106

Fügen Sie sich genau nach den Stellpunkten der Zeichnung.

Follow the standpoints of the drawing exactly.

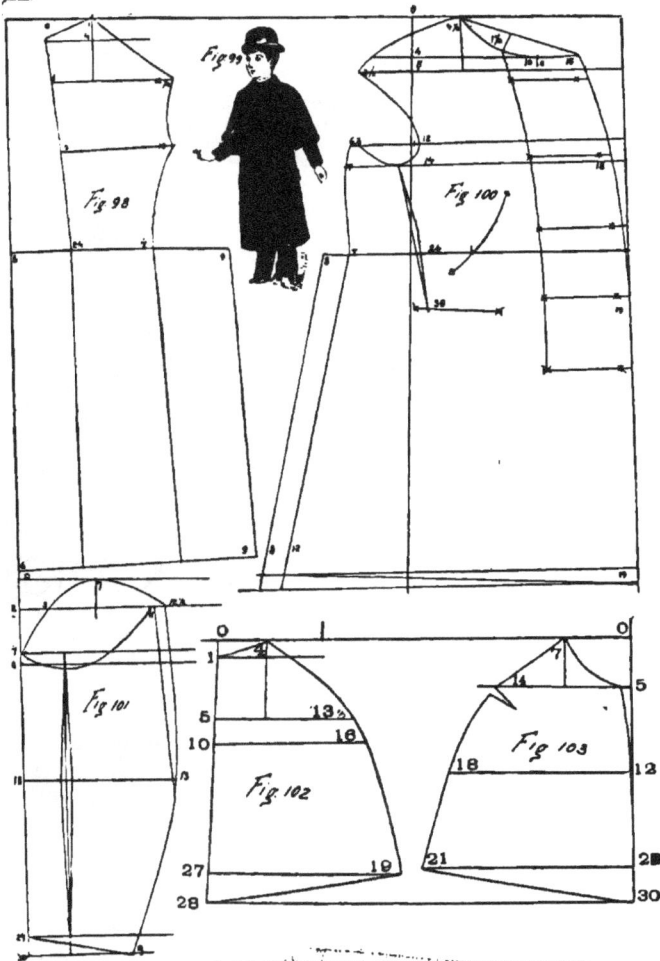

Boy's Cape Coat.

Ein zweireihiger Reiserock mit breitem Kragen auch Ulster genannt. S. 45.

Das Model ist hoch zum Knöpfen mit breitem, rund gearbeitetem Umfallkragen und Taillenpatte, das Rücktheil etwas breit und die Vordertheile tief über die Taille herunter geknöpft. Zum bequemen Sitzen im Wagen wird ein langer Reitschlitz mit Haken oder auch mit verdeckter Knopfpatte angebracht. Die Vordertheile schließen ganz hoch am Halse. Dasselbe kann sowohl ein kleiner Knabe als auch ein großer Mann gebrauchen.

A Double-Breasted Traveling Coat or Ulster.

This model is buttoned up to the neck, round collar and waist flap; the back part is rather broad; the fore-part is buttoned below the waist. For sitting in a carriage a slitz with hooks is made, The forepart is buttoned up to the neck. It can be used for boys and men. (p. 45.)

Boy's Cape Coat from 3 to 6:

AGE.	BREAST WIDTH.	WHOLE LENGTH.	SLEEVE LENGTH.
3	23	29	13
4	24	30	14
5	25	31	15
6	26	32	16
7	27	33	17

Boys' Ulster from 4 to 18 years.

AGE.	BACK LENGTH.	SLEEVE LENGTH.
3	31	14
4	32	15
5	33	16
6	34	17
7	35	18
8	36	19
9	37	19
10	38	20
11	39	21
12	40	22
13	41	22½
14	41½	23
15	42	24
16	42½	24½
17	43	25
18	43½	25½

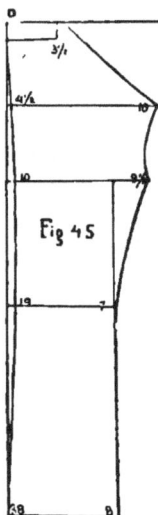

Fig 45

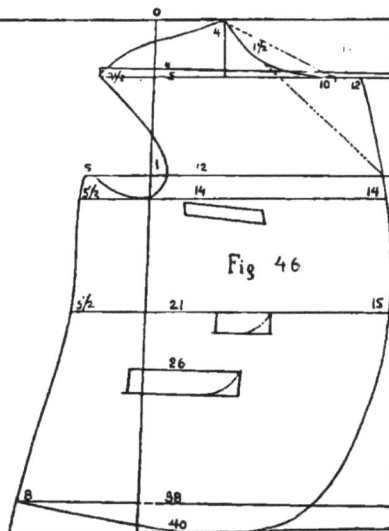

Fig 46

Fig 47

Fig 48

Fig 49

Bicycle Pants.

Das reguläre Maß für dieses Alter ist wie folgt.

The regular measure for those ages is as follows :

AGE.	BACK WIDTH.	SLEEVE LENGTH.	BANDS LENGTH.	PANTS OUTSIDE LENGTH.	CROSS LENGTH.	PANTS INSIDE LENGTH.
3			21	13	7	6
4	17	14	22	14	7¼	6¾
5	17¾	15	23	15	7½	7½
6	18¼	16	24	16	7¾	8¼
7	19	17	25	17	8	9
8	19¾	18	26	18	8¼	9¾
9	20¼	18¾	26½	19	8½	10½
10	21	19½	27	20	8¾	11¼
11	21¾	20¼	27½	21	9	12
12	22½	21	28	22	9¼	12¾
13	23¼	21¾	28½	23	9½	13½
14	24	22½	29	24	9¾	14¼
15	24¾	23	29½	25	10	15
16			30	26	10¼	5¾
17			30½	27	10½	16½
18			31	28	10¾	17¼

Single=Breasted Sack Coat.

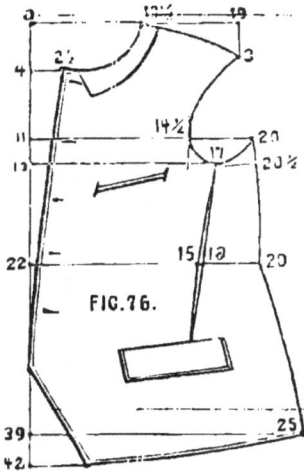

FIG. 76.

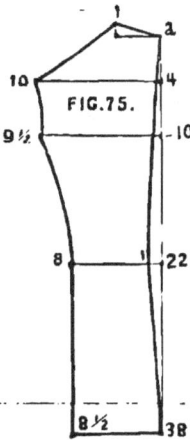

FIG. 75.

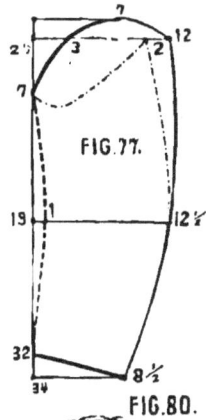

FIG. 77.

FIG. 80.

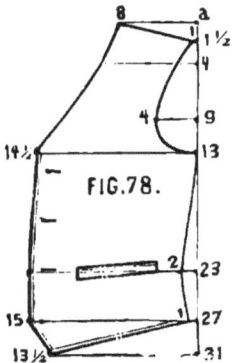

FIG. 78.

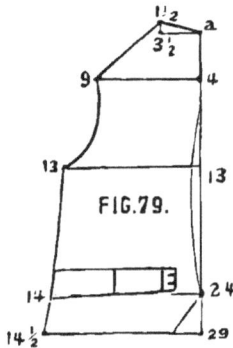

FIG. 79.

Single-Breasted Sack Coat.

Beim Zuschneiden richten Sie sich genau nach der Zeichnung und legen Sie die Anlage wie Ihnen vorgeschrieben ist.

Take good care by cutting that you shall have the same numbers as they are marked on the drawing. Lay the cloth accurately as the drawing shows you.

Das reguläre Maß für dieses Alter ist wie folgt.

The regular measure for those ages is as follows:

AGE.	WHOLE LENGTH.	SLEEVE LENGTH.	LENGTH OF WEST.	HANDS WIDTH	PANTS OUTSIDE LENGTH.	CROSS LENGTH.	PANTS INSIDE LENGTH.
3	17	12	15½	21	13	7	6
4	18	13	16	22	14	7¼	6¾
5	19	14	16½	23	15	7½	7½
6	20	15	17	24	16	7¾	8¼
7	21	16	17½	25	17	8	9
8	22	17	18	26	18	8¼	9¾
9	23	18	18½	26½	19	8½	10½
10	24	19	19	27	20	8¾	11¼
11	25	20	19½	27½	21	9	12
12	26	21	20	28	22	9¼	12¾
13	27	22	20½	28½	23	9½	13½
14	28	22½	21	29	24	9¾	14¼
15	29	23	21½	29½	25	10	15
16				30	26	10¼	5¾
17				30½	27	10½	16½
18				31	28	10¾	17¼

Fig 93

Fig 94

Fig 72

Fig 96

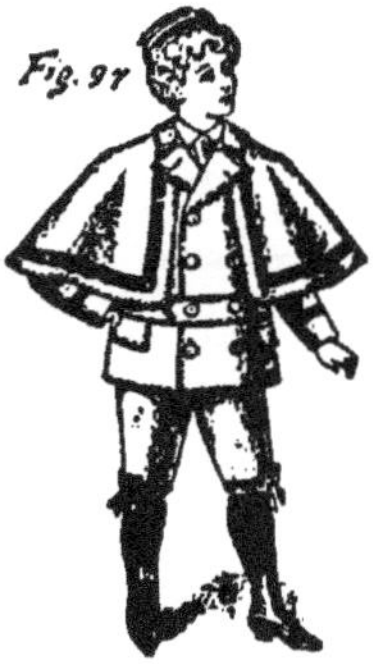

Fig 97

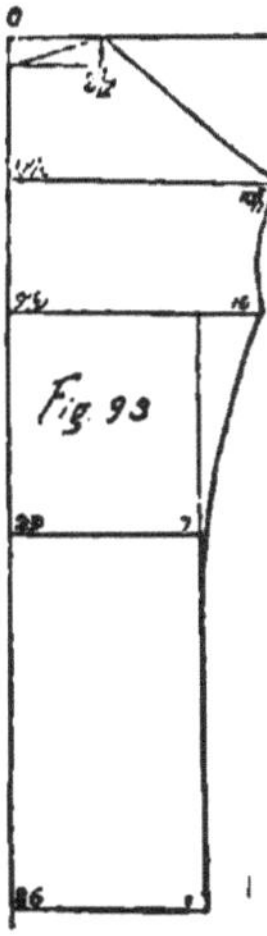

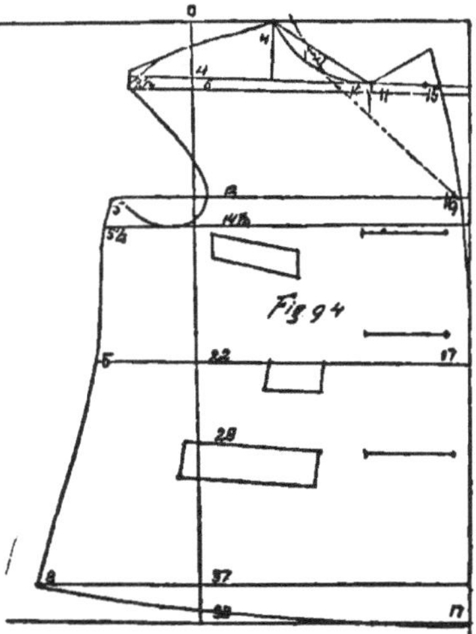

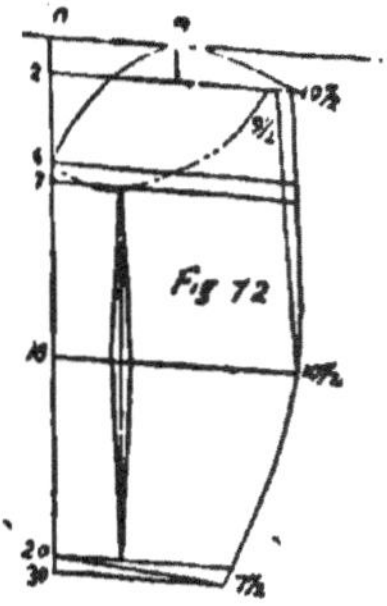

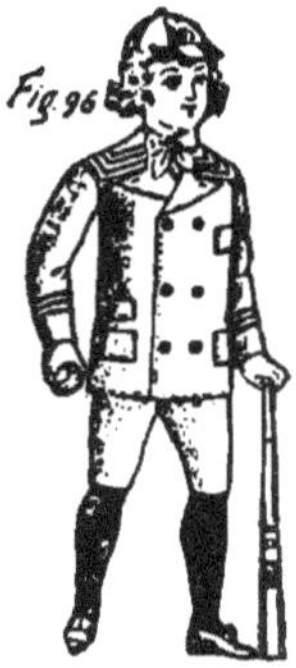

Boy's Reefer with Cape

Dieselbe Zeichnung können Sie auch für einen Prinz Bismarck Rock mit Cape und Belt gebrauchen. Façon Kragen, obere und Cash Tasche lassen Sie fort und benußen an den untern eine Muff Tasche; die Länge machen Sie wie Ihnen die Zeichnung angiebt; für einen Prinz Bismarck Rock müssen Sie aber den Rücken-theil mit einer Nath schneiden da es drei Schlißen hat, die Länge vom Aermel machen Sie wie Ihnen die Zeichnung vorschreibt.

Anbei befindet sich die Eintheilung vom Cape.

AGE.	PANTS. OUTSIDE LENGTH	CROSS LENGTH.	PANTS. INSIDE LENGTH
3	13	7	6
4	14	7¼	6¾
5	15	7½	7¼
6	16	7¾	8¼
7	17	8	9
8	18	8¼	9¾

The same drawing you can use for a Prince Bismarck suit with cape and Belt; shape and rolling collar, leave out top and cash pocket and use on the lower cape a muff pocket; the length you have to take from the drawing; for a Prince Bismarck coat you have to cut the back with a seam as it must have three slits; the length of the sleeves you have to take from the drawing.

Alongside you find the drawing of the cape.

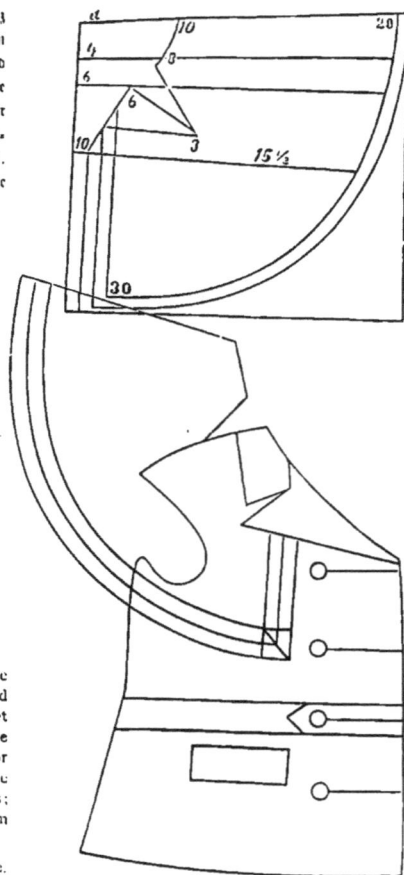

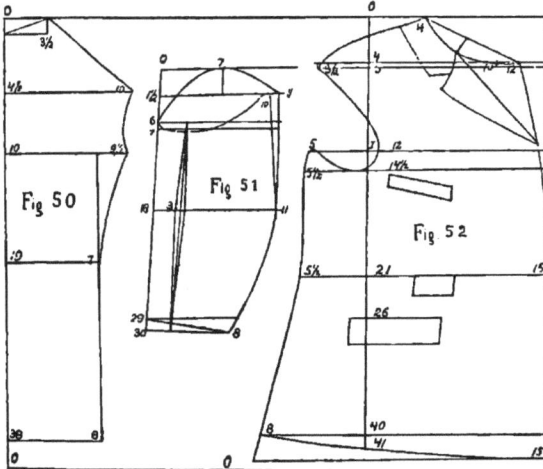

Fig 50

Fig 51

Fig 52

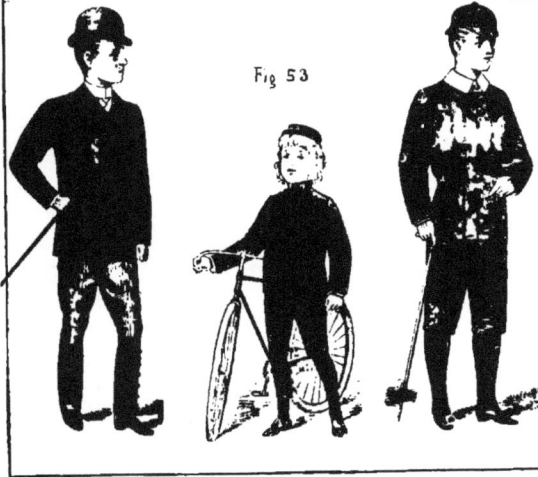

Fig 53

Bicycle Suits.

Von dieser einen Zeichnung können Sie drei verschiedene Anzüge machen und zwar: einen mit Façon Kragen; den zweiten mit einen stehenden Kragen für einen Bicycle Suit; den dritten mit imitation Box Plete mit Belt und liegenden Kragen und fünf Knöpfen.

From this drawing you can make three different Suits: 1. A four-button straight cut with shape rolling collar; the second you can make a standing collar for a bicycle suit; the third you can make with belt and imitation box-plete with lay down collar and five button-holes.

Das regulare Maß für dieses Alter ist wie folgt.

The regu'ar measure for those ages is as follows:

AGE.	BACK LENGTH.	SLEEVE LENGTH.	BANDS WIDTH	PANTS OUTSIDE LENGTH.	CROSS LENGTH.	PANTS INSIDE LENGTH.
3	16	12	21	13	7	6
4	17	13	22	14	7¼	6¾
5	17¾	14	23	15	7½	7½
6	18½	15	24	16	7¾	8¼
7	19	16	25	17	8	9
8	19¾	17	26	18	8¼	9¾
9	20¼	18	26½	19	8½	10½
10	21	19	27	20	8¾	11¼
11	21¾	20	27½	21	9	12
12	22½	21	28	22	9¼	12¾
13	23¼	22	28½	23	9½	13½
14	24	22½	29	24	9¾	14¼
15	24¾	23	29½	25	10	15
16			30	26	10¼	5¾
17			30½	27	10½	16½
18			31	28	10¾	17¼

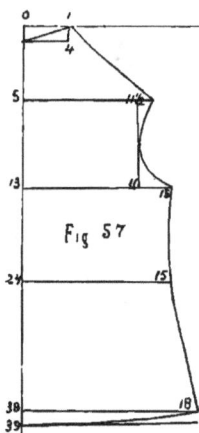

Fig 57

Fig 59

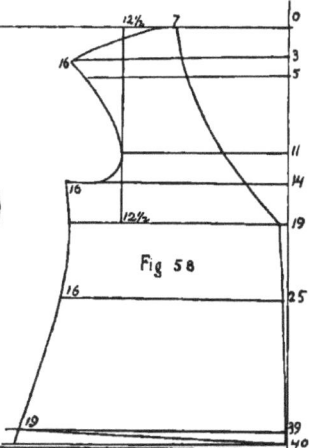

Fig 58

Fig 60

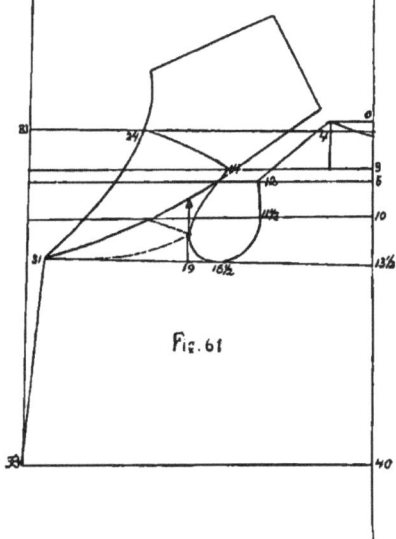

Fig. 61

Fancy Sailor Suits.

The very much liked Sailor suit can be made out of Flanell, Cheviet or Linen. It has 5 buttons in front and has a crest at the waist. The Blouse has to be pretty long, so that it shall fall nicely on the short pants. Its draft is further below. The broad Sailor Collar consists, as shown in the draft, by putting Front and back together. The Collar can be made out of one broad piece of cloth or out of different narrow stripes. An Anchor is generally being put on each corner of the collar. You can also use long pants for sailor suits, if you follow the system in this book.

Das beliebte Kleidungsſtück, das aus Flanell, Cheviot oder auch aus Leinen gefertigt werden kann, wird vorn an 5 Knöpfe geſchloſſen und erhält unten, in der Taillenlage, einen Zug. Die Blouſe muß gut lang ſein, damit dieſe ſchon bauſchig über das kurze Höschen fällt, deſſen Schnitt weiter hinten ſich befindet. Den breiten Matroſen entwirft man, wie die Vorlage zeigt, indem man Vorder- und Rückestheil zuſammen-legt. Der Beſatz des Kragens kann aus einem breiten oder mehreren ſchmalen, ſich vom Grundſtoff abhebenden Streifen beſtehen, auch pflegt man in den beiden Krageneden je eine Anker-Verzierung anzubringen. Zu Matroſen-Blouſen können Sie auch lange Hoſen machen. Fügen Sie ſich nach dem Syſtem, welches dieſem Buche beigefügt iſt.

The following is a Normal-Proportiontable for Fancy Sailor Suits for boys from 3 to 8 years.

Wir geben hier eine Normal-Proportionstabelle von Matroſen-Blouſen für Knaben von 3 bis 8 Jahren.

AGE.	BANDS WIDTH	PANTS OUTSIDE LENGTH.	CROSS LENGTH.	PANTS INSIDE LENGTH.
3	21	13	7	6
4	22	14	7¼	6¼
5	23	15	7½	7½
6	24	16	7¾	8¼
7	25	17	8	9
8	26	18	8¼	9¾
9	26½	19	8½	10¼

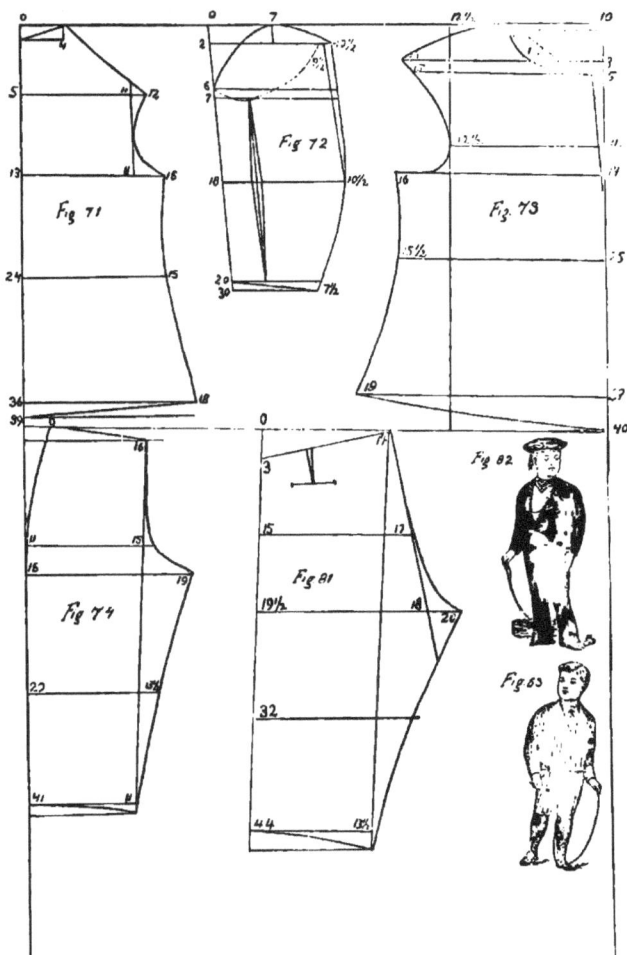

Fig 71
Fig 72
Fig. 73
Fig 74
Fig 81
Fig 82
Fig 83

Plain Sailor Suits.

The following is a Normal Proportiontable for Sailor Suits for boys from 3 to 9 years.

Wir geben hier eine Normal-Proportionstabelle von Matrosen Blousen für Knaben von 3 bis 9 Jahren.

AGE.	BANDS WIDTH	PANTS OUTSIDE LENGTH.	CROSS LENGTH.	PANTS INSIDE LENGTH
3	21	23½	8	15½
4	22	24½	8¼	16¼
5	23	25½	8½	17
6	24	26½	8¾	17¼
7	25	27½	9	18½
8	26	28½	9¼	19¼
9	26½	29½	9½	20

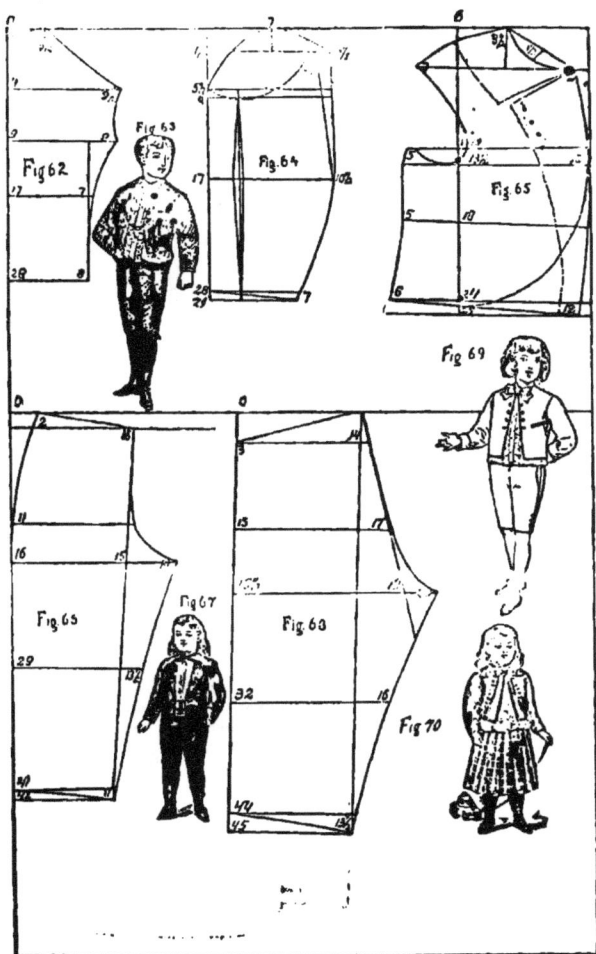

Junior Suits.

Wir geben nun hier eine **Normal-Proportionstabelle** für Knaben von 3 bis 8 Jahren.

The following is a Normal-Proportiontable for boys from 3 to 8 years.

AGE.	BACK LENGTH.	SLEEVE LENGTH.	BANDS WIDTH	PANTS OUTSIDE LENGTH.	CROSS LENGTH.	PANTS INSIDE LENGTH.
3	16	12	21	13	7	6
4	17	13	22	14	7¼	6¾
5	17¾	14	23	15	7½	7½
6	18¼	15	24	16	7¾	8¼
7	19	16	25	17	8	9
8	19¾	17	26	18	8¼	9¾
9	20¼	18	26½	19	8½	10½
10	21	19	27	20	8¾	11¼
11	21¾	20	27½	21	9	12
12	22½	21	28	22	9¼	12¾
13	23¼	22	28½	23	9½	13½
14	24	22½	29	24	9¾	14¼
15	24¾	23	29½	25	10	15
16			30	26	10¼	5¾
17			30½	27	10½	16½
18			31	28	10¾	17¼

Die Länge ist nicht immer nach System zu machen, sondern mit dem Zollmaße, je nachdem man die Jackenlänge haben will.

The length cannot always be made with the system, but with the inch measure, according to how long you want the Jacket made.

Von dieser einen Zeichnung können vier verschiedene Muster gemacht werden. Um den Kragen zu machen müssen Sie sowohl den Rückentheil als auch den Vordertheil bei der Schulter zusammen nehmen, da bekommen Sie irgend einen Kragen den Sie nur haben wollen. Die Hosen müssen laut Zollmaß gemacht werden, je nach dem Alter des Knaben.

From this draft you can make four different styles. To make the collar correct, it is necessary to take Front and Back on the shoulder together, then you can have any collar you wish. The pants have to be made with the inch measure, according to the age of the boy.

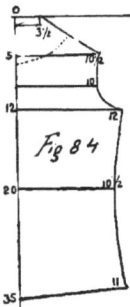

Fig 84

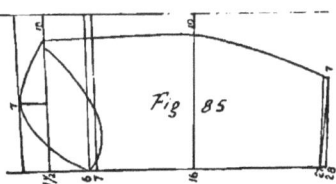

Fig 85

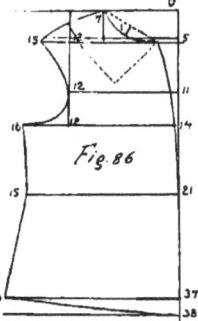

Fig. 86

Fig 87

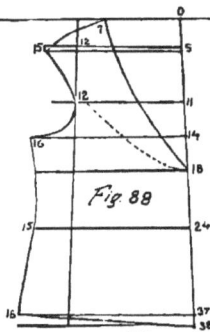

Fig. 88

Fig. 89

Fig 90

Fig. 91

Fig 92

Jersey Suits.

Man füge sich direct nach den Draft. Combination Kragen und Manschetten können Sie ändern, nachdem das Pattern fertig ist.

Follow draft in all respects. The combination Collar and Cuff can be altered as soon as the pattern will be done.

www.ingramcontent.com/pod-product-compliance
Lightning Source LLC
Chambersburg PA
CBHW021634270326
41931CB00008B/1016